朱教授讲朱子

修订本

朱杰人 著

华东师范大学出版社
上海

国家普及类古籍整理图书专项资助项目

目 录

1	开讲弁言
1	自序
1	正文
3	一 造化性命
13	二 格物致知
21	三 修身养性
53	四 敬
63	五 天理人欲
73	六 义利之辨
85	七 为人处事
103	八 为官
113	九 治国
129	十 交友
139	十一 教育
155	十二 为学
177	十三 读书法
197	十四 圣人·君子·小人
207	十五 夫子自道
217	十六 其他

开讲弁言

朱者,吾族吾群之姓也。何谓姓?吾等生命密码之所系也。故姓此姓,当知其所从来,当知其先人之所以行、所以言、所以为教为训也。呜呼,当世朱氏,人之众不可谓不夥也,富且贵不可谓不发也,然上不知祖宗,下不学无术者,比比皆是也。每念及此,杰人常忧而伤之,食不甘味,寝不安席。宗妹慧霖尝邀余讲课,欲以此提升吾族群素养。余悯其用心良苦,遂不揣浅陋,以先祖文公之学为典,学而述之,以飨诸众宗亲。日积月累,以期潜移默化之效也。其有读者,则万幸也。读而悟之,则万万幸也。

是为弁言。

朱杰人

甲午年六月十五日,公元二〇一四年七月十一日也。

自　序

《开讲弁言》是我写这本小书的初心——为朱氏宗亲普及一下朱子。本来是一天一篇，准备写满一年搁笔。不料事不如愿，我的事情太多，根本无法天天有时间来写作，年岁大了，也不敢开夜车，只得写写停停，拖了下来。其间，腾讯网的韩卫卫又来找我，希望我给他们首发。为了扩大朱子的影响，我当然愿意。但是与他们订下的合约是需要一定数量的，所以，又无法停下来。后来，我自己给自己定了一个限：写到三百条为止。二〇一六年六月中，终于到了三百条。这本小书，正是这三百条的合集。从二〇一四年的七月，到二〇一六年的六月，整整两个年头。

我参与创建"世界朱氏联合会"，从首任常务秘书长到秘书长，到副会长，凡二十三年。亲历了一个民间社团不断成长壮大的过程，也备尝外人难以体味的艰辛。二十三年可说是一段不懈斗争的历史,与外来的打压斗,与来自内部的愚昧、不理解和利欲之心斗。深感朱氏家族的问题在于群体素养的低下。《弁言》所言"上不知祖宗,下不学无术者"大有人在,直到现在还有人自溺于蜘蛛崇拜(以蜘蛛为朱氏之祖)之中而不悟,真是贻笑大方而不知丑。我和这些粗陋的现象斗争了二十多年,竭力在"世界朱氏联合会"中注入文化,注入朱子的思想学说,期望对提升族群的素养有所裨益,不可说没有效果,但总觉效果不大,自己却感到了疲惫不堪。有时想想,自己简直就是一个堂吉诃德!

朱氏家族的问题,其实是中国社会的一个缩影。

为什么,中国人富有了,但人却变得粗野了?为什么,国家的实力在增强,可是社会问题却越来越多?我以为,一个重要的原因在于我们自己民族的传统被割断了,我们的价值观被全盘西化扭曲了。

现在我们需要做的,就是让我们的传统和价值理性回归。这意味着凝聚了传统精华和价值理性要义的朱子学说及其思想必须回归,必须重新走入民间。

长期以来,学术界一直把朱子学认定为封建时代的官方哲学,但这是一个必须重新审视的问题。

朱子学产生于民间,朱子是一个不折不扣的民间学者。他集儒学之大成,构建了新儒学的理论体系,但是他的学说并没有被官方认可,晚年还被打成"伪学",著作被禁毁,弟子、门生受到迫害。朱子学被官方接受,成为官方的意识形态是在元代以后。元代确认了朱子的著作为科举考试的标准文本,一举确立了朱子学的官方地位。经明、清两代统治者的大力提倡,朱子学的地位越来越高。清代,朱子被列为孔庙的十二哲之一,朱子学被官方抬到了无以复加的高度。也是在明、清时代,朱子学传入东亚、南亚,成为韩国、日本、越南等国家的官方哲学。朱子学被高置于庙堂之上,从一定程度上削弱了它与民间的联系,也使它渐渐地走向僵化。但是它的生命力始终在民间。在庙堂与草根之间有一个重要的媒介并没有因为朱子学的"高就"而被割断,这个媒介就是书院。中国书院,自其产生以来,就是一个民间讲学、传道、授业的场所。宋代的书院因理学的兴盛而大盛,始终是一个在民间传播朱子学的主要阵地。朱子的学生和那些朱子学的追随者们,在各地兴办书院,大力传播和研习朱子学,使民间的朱子学研究和传播始终保持着相当的规模和影响力。其中著名的人物如南宋的陈淳,著名的书院如清代的正谊书院等等。

进入现代以后,朱子学受到了前所未有的压迫和排斥。从清末的废科举到"五四"的"打倒孔家店",朱子学从官方哲学沦为被口诛笔伐的糟粕和异端。更可悲的是,因为新式学堂的兴起,彻底摧毁了民间书院的生存空间,朱子学与民间的最后一条脐带也被隔断。从此,朱子学被禁锢在书本里、讲堂上,成为少数学者们的专利。在一九四九年到改革开放的数十年历史中,甚至在学者中也罕见朱子学的研究和讨论。

朱子学的当代复兴肇始于一九八二年七月在美国夏威夷举行的国际朱子学会议。这次会议不仅推动了国际朱子学的研究,更触发了国内朱子学研究的勃然兴起。从此,朱子学蔚然成为国内外的一时显学。

一九九〇年,"世界朱氏联合会"成立。这是一个民间自发的草根社团。但是由于其发起者的远见卓识,从一开始即被赋予发展文化与推动学术的基因。它自觉地承担起了弘扬和推动朱子学研究、发展、传播、普及的历史使命。正是利用了这一平台,我进行了让朱子学回归民间的艰难尝试——先从朱氏家族做起,进而推及社会。我努力了二十馀年,目的只有一个:推动朱子学的研究,并让朱子学回归民间。这二十馀年异常艰难,首先是家族内部的不理解。有人说:朱杰人很聪明,但是他对我们讲什么理呀、气呀有什么用?应该教我们如何用朱子学做生意赚钱。其次是社会大环境的不利：朱子依然被视为封建、反动的意识形态而被批判，很多普及性的社会活动、会议无法在国内举行，我们只能把平台搭在国外、境外。随着国内改革开放步伐的加快，思想解放与学术环境的越来越宽松，朱子学的研究与传播才发生了根本性的变化。

但是这种变化主要仍在学界、讲堂、书斋，仍然远离民间。造成这一现象的原因有很多，主要有三点：其一，对传统文化的认识依然局限。直到习近平总书记发表了一系列关于传统文化的讲话以后，这种局限才稍有松动。其二，我们的学者们没有意识到让传统回归民间的深远意义而不屑于从事这样的工作，而且，学者们沉重的考核、职称评定等压力也使他们无暇顾及这种"小儿科"式的"非学术活动"。其三，由于将近一个世纪的断裂，民间已经无法找到朱子学的专门人才。

但是事情总要有人做，越是缺乏条件越是需要有人来做。这就是为什么我在这二十余年的时间里坚持不懈地从事"小儿科"的原因——至少，我没有了考核与评职称的压力——当然，这也就是为什么我要写这么一本小书的原因。连同先前已经出版的《朱子格言精义》《朱子一百句》《朱子家训》，这已经是第四本了。我干这种所谓的"非学术活动"，也许不干"学术"，但干社会人心,干国家民族,我以为该干。

下面讲一讲这本小书的编写思路:

这不是一本全面论述朱子思想的书,没有系统。我只是把自己在读朱子时(读朱子的书,是我每天必做的功课),认为值得推介给大家的句子、段落摘出来,与大家共享而已。

书里的每一条都摘自朱子著述,出处已在原文句末括号中注明,读者可因之追本溯源。其中,《周易本义》《诗集传》《四书章句集注》、《四书或问》、《论孟精义》、《太极图说解》、《通书注》、《童蒙须知》、《朱子语类》(简称"《语类》")、《楚辞集注》、《晦庵先生朱文公文集》(简称"《文集》")、《晦庵先生朱文公续集》(简称"《续集》")、《晦庵先生朱文公别集》(简称"《别集》")、《朱子遗集》(简称"《遗集》")使用的是严佐之、刘永翔和我主编的《朱子全书(修订本)》(上海古籍出版社、安徽教育出版社,2010年)中的整理本,杨与立《朱子语略》(简称"《语略》")使用的是我主编的《元明刻本朱子著述集成》(华东师范大学出版社,2014年)中的明刻影印本。

原文之下是"译讲"的部分。本书采用这种办法串讲朱子原文,是想尽可能地把朱子的原意传达给读者。本书不加注释、注音。这是我的一个经验:注释和注音常常会隔断读者阅读的连续性,对一般的非研究者而言,这反而会成为一种阅读的障碍。所以,我建议阅读古文有困难的朋友,可以先读"译讲",再读原文,这样基本可以排除阅读原文的困难,如果有兴趣进一步深入,查一下字典,就基本没有问题了。

当然,在"译讲"中,有时候会加入一点我自己"有感而发"的意见。这是我忍不住想讲的话,见仁见智,只好请读者诸君见谅了。

原先,我是想按照著作时间的先后,加上序号,原封不动地呈献给读者的。但是我的朋友、学生们建议还是分类为好,我采纳了他们的意见,没想到,分类又成了一道难题。事实上,每一条朱子原文常常含涉多方,包罗甚广,我只能按照个人理解,以其主旨大意勉强归类。妥与不妥,想来也只有等待读者们的批评指正了。

最后,要感谢慧霖宗妹,是她促成了我的写作冲动。

还要感谢我的学生吕振宇博士、和溪博士,他们帮我做了大量补正、辑录等技术性的工作。

朱杰人

二〇一六年七月六日于海上桑榆旺晚斋

一 造化性命

> 太极生阴阳,理生气也。阴阳既生,则太极在其中,理复在气之内也。

一　造化性命

盖太极者,本然之妙也;动静者,所乘之机也。太极,形而上之道也;阴阳,形而下之器也。(《太极图说解》)

"太极",是朱子哲学中一个很重要的概念。那么,什么是太极呢?朱子说,太极蕴含着宇宙最根本、最精微的奥妙。而动和静,则是它借以变化的缘由。太极,是无形的、看不见、摸不着(形而上)的道;阴阳,是有形的、可以看到、感知到的(形而下)的器。

盖天地之间只有动静两端,循环不已,更无馀事,此之谓易。而其动其静则必有所以动静之理焉,是则所谓太极者也。(《文集》卷四五《答杨子直》)

太极之义,正谓理之极致耳。有是理即有是物,无先后次序之可言。故曰"易有太极",则是太极乃在阴阳之中,而非在阴阳之外也。(《文集》卷三七《答程可久》)

天地、自然的运行,其实只有动和静这两件事,它们不停地循环,除此再没有别的事了,这就是所谓的"易"(简易、变易和不易。《易经》就是论述这些道理的经典)。而大地、自然的动和静是一定有其动静的道理的,这个道理就是所谓的"太极"。

之所以把这个道理称作"太极",只是为了说明这是个达到了极致的、最高层级的"理"。有这个理就一定有这个物,他们是无法分出先后次序的。所以说"易有太极",也就是说太极在事物(阴阳)之中,而不是在事物之外。

天地之间,有理有气。理也者,形而上之道也,生物之本也;气也者,形而下之器也,生物之具也。是以人物之生,必禀此理,然后有性;必禀此气,然后有形。(《文集》卷五八《答黄道夫》)

世上万事万物都是由"理"和"气"组成的。理,就是超脱于具体物质的规律、道理(道),它是生成万物的根本原因。气,就是有形的具体物质(器),它生成了万物的具体形态。所以,人和物来到这个世界上,一定是禀受着一定的规律和道理(理)的。因为有了这个理,所以他才能有一定的人性、天性、本性(性)。他也一定禀受着一定的气,所以他才能有这个身体或什么其他具体的形状。

所谓理与气,此决是二物。但在物上看,则二物浑沦,不可分开各在一处,然不害二物之各为一物也;若在理上看,则虽未有物而已有物之理,然亦但有其理而已,未尝实有是物也。(《文集》卷四六《答刘叔文》)

天下未有无理之气,亦未有无气之理。(《语类》卷一)

朱子认为,"理"构成万物之性(形而上),"气"构成万物之形(形而下)。他说,理和气,绝对是两个不同的东西。但是如果从具体的事物上看,那么理和气是完全交融在一起的,根本不可能把它们分开,但这并不妨碍它们成为两个截然不同的东西。如果从理上看,那么在具体的事物产生之前,这一事物的理就已经存在了。当然,这仅仅是说它的理而已,事物还不存在。所以,天下没有离开了理的气,也没有离开了气的理。

上天之载,无声无臭,而实造化之枢纽、品汇之根柢也。故曰:"无极而太极。"非太极之外,复有无极也。(《太极图说解》)

"上天之载",即指太极。太极虽然既没有声音,也没有味道,但它却是整个自然、宇宙的灵魂、关键,也是形成各种事物的根本。这就是所谓的"无极而太极"。朱子指出,无极就是描述太极的无形、"无声"、"无臭",并不是说在"太极"之外还有一个"无极"存在。

太极只是一个"理"字。(《语类》卷一)

太极只是天地万物之理。在天地言,则天地中有太极;在万物言,则万物中各有太极。未有天地之先,毕竟是先有此理。(《语类》卷一)

朱子认为,"太极"就是天地(自然)、万物(各种事物,包括人和社会)的规律和法则,也即"理"。就大自然而言,有一个关于天地法则的太极;就万物而言,各种事物、人和社会各有各的太极。他认为,在没有天地的时候,理就已经存在了。

太极生阴阳,理生气也。阴阳既生,则太极在其中,理复在气之内也。(《语略》卷一一)

太极派生出阴阳来,太极是理,阴阳是气。阴阳生成了,太极就蕴含在阴阳之中,阴阳就按照太极的原理、法则运动,太极之理(理)也就体现在具体的事物(气)之中了。

人秉五行之秀以生。……盖木神曰仁,则爱之理也,而其发为恻隐;火神曰礼,则敬之理也,而其发为恭敬;金神曰义,则宜之理也,而其发为羞恶;水神曰智,则别之理也,而其发为是非;土神曰信,则实有之理也,而其发为忠信。是皆天理之固然,人心之所以为妙也。(《论语或问》卷一)

人承载着五行的精华而生:木的精神是仁,这是爱的道理,它表现为人的恻隐之心;火的精神是礼,这是敬的道理,它表现为人的谦恭之心;金的精神是义,这是适宜的道理,它表现为人的羞恶之心;水的精神是智慧,这是判断的道理,它表现为人的是非观念;土的精神是信,这是真实无欺的道理,它表现为人的忠诚和守信。这些都是天理的本然,也是人心所以有无穷奥妙的原因。

道之在天下者未尝亡,惟其托于人者或绝或续,故其行于世者有明有晦,是皆天命之所为,非人智力之所能及也。夫天高地下,而二气五行纷纶错糅,升降往来于其间,其造化发育,品物散殊,莫不各有固然之理。而最其大者,则仁、义、礼、智之性,君臣、父子、昆弟、夫妇、朋友之伦是已。是其周流充塞,无所亏间,夫岂以古今治乱为存亡者哉?然气之运也,则有醇漓判合之不齐;人之禀也,则有清浊昏明之或异。是以道之所以托于人而行于世者,惟天所畀,乃得与焉,决非巧智果敢之私所能亿度而强探也。(《文集》卷七八《江州重建濂溪先生书堂记》)

朱子认为,儒家揭示的万事万物的规律与法则(道),是客观存在于自然与社会之中的,从来就没有消失过,只是当它要依托于人而运行的时候就会发生时断时续的情况,于是道有时明(社会开明有序),有时暗(社会黑暗混乱)。这是天命,不是人的智慧和能力所能决定的。天地万物,就是阴阳二气的运动和金木水火土五行错综复杂的组合的结果。它们变化发展,千姿百态,但都遵循着各自固有的理。就社会人文而言,最重要的就是仁、义、礼、智之性和君臣、父子、兄弟、夫妇、朋友五伦之序。它们流动并充塞在天地之间,不论古今,也不论社会治乱、国家存亡,都不会消亡。但是,气在运动中会有醇厚与浇薄以及搭配不整齐的情况,人禀受了不同的气,就会有清纯与混浊、昏昧与明白的不同。所以,道要依托于人而流行于世,只有天之所赐才有可能,绝不是靠个人的机巧、聪明和胆略所能臆测、强求的。

问:"《易传》咸之九四言:'有感必有应。凡有动,皆为感,感则必有应,所应复为感。'是如何?"曰:"凡在天地间,无非感应之理,造化与人事皆是。……凡一死一生,一出一入,一往一来,一语一默,皆是感应。中人之性,半善半恶,有善则有恶。古今天下,一盛必有一衰。"(《语类》卷三)

人之气与天地之气常相接,无间断,人自不见。(《语类》卷三)

北宋大思想家程颐说,人如果受到外物的触动,就会有所反应,人的行为都是因为有所感应,有所感应必定会有所回应。朱子阐发说,人的气息与自然的气息是相通的,这种相通从不间断,只是人自己没有察觉罢了。小到个人的日常活动,大到国家的兴衰治乱,无不如此。朱子认为,人与自然是一体的,人是自然的一部分,所谓"天人合一"就是讲的这个道理。所以人类要善待自然,善待自然也就是善待自己。

性如水,流于清渠则清,流入污渠则浊。气质之清者、正者,得之则全,人是也;气质之浊者、偏者,得之则昧,禽兽是也。

气有清浊,人则得其清者,禽兽则得其浊者。人大体本清,故异于禽兽;亦有浊者,则去禽兽不远矣。(《语类》卷四)

朱子说:"性即理也。在心唤作性,在事唤作理。"这是说,性就是理。人的本质属性体现在人的思想、意识、精神上我们称之为性,而事物的本质属性我们称之为理。也就是说,人的本性就是天理的表现。但是为什么人性会有善有恶呢?朱子认为这是因为性是流动的,它不能不受到气的影响。就像水,当它流到清澈的溪流里,就是清洁的,当它流到污浊的沟渠里,就是浑浊的。清的、正的气质,得到了就完满,所以成为人;浊的、偏的气质,得到了就蒙昧,所以成为禽兽。气,是有清浊之分的,人得到了清的,禽兽得到了浊的。人类总体上说属于清的,所以和禽兽不一样。但是也有浊的,那种人离禽兽也就不远了。

人之性本无不善,而其日用之间莫不有当然之则。则,所谓天理也。人若每事做得是,则便合天理。天人本只一理。若理会得此意,则天何尝大,人何尝小也?"(《语类》卷一七)

人性原本是善的,这是因为人来到这个世界,日常生活、举止言行,都有应该遵循的规则和道理,这就是天理。人如果每一件事都能做正确,这就符合了天理。符合天理,当然就是善。做人的道理和大自然运行的道理其实是一致的。如果懂得了这个道理,那么天又何尝一定是高大的而人一定是渺小的呢?

  天人一物,内外一理,流通贯彻,初无间隔。若不见得,则虽生于天地间,而不知所以为天地之理;虽有人之形貌,而亦不知所以为人之理矣。(《文集》卷三八《答袁机仲别幅》)
  天地、自然和人是一体的,从内到外,秉受着同一个"理"。这个理在天、地、人之间流通贯穿,从不间断,绝无隔阂。如果看不到这一点,那么,虽然你生活在这天地之间,却不会懂得天地所以为天地的道理。进而言之,你虽然有了人的形象和容貌,却也不会懂得人之所以为人的道理。

二 格物致知

> 致知、格物,是穷此理;诚意、正心、修身,是体此理;齐家、治国、平天下,是推此理。

二　格物致知

凡事事物物各有一个道理。(《语类》卷一一九)

夫格物者,穷理之谓也。盖有是物必有是理,然理无形而难知,物有迹而易睹,故因是物以求之,使是理瞭然心目之间而无毫发之差,则应乎事者自无毫发之缪。(《文集》卷一三《癸末垂拱奏札一》)

格物、致知是朱子哲学中很重要的理论,那么什么是"格物"呢？朱子说,"格物"就是"穷理"——格物就是彻底追寻、研究、了解、掌握事物的规律和原理。他认为,世间万物都有规律和原则,也即"理"。有这一件事物,就一定有这一件事物的理。由于理是无形的,所以很难感知它。但是事物是有形的、容易看到的,所以我们可以通过有形的物来探求无形的理。如果我们把这个事物的理研究透彻了,了然于心了,没有丝毫的差错了,那么我们应对这件事物也就不会有丝毫的谬误了。

所谓致知在格物者,言欲致吾之知,在即物而穷其理也。盖人心之灵莫不有知,而天下之物莫不有理,惟于理有未穷,故其知有不尽也。是以《大学》始教,必使学者即凡天下之物,莫不因其已知之理而益穷之,以求至乎其极。至于用力之久,而

一旦豁然贯通焉,则众物之表里精粗无不到,而吾心之全体大用无不明矣。此谓物格,此谓知之至也。(《大学章句》)

格物,就是接触事物,研究其理,而达到极致。致知,就是努力发挥自己已有的知识而去推知未知的东西。朱子认为,致知的根本途径在格物。就是说,要想获取知识,就要通过实践,研究事物,穷极其理。人的心思是最有灵性和聪明的,所以它能感知,而天下的事物无不具备规律、法则,只是我们对事物的理没有把握,所以我们对它的认识就不完全。《大学》这篇文章就是教导学子要深入实际,接触天下的事物,通过自己已经掌握的知识而去推求未知事物的道理,直至穷尽其理而达到极致。只要刻苦努力,持之以恒,一旦豁然贯通,就能洞彻事物的表里,了然其大体与精微。这样我心之体(理),我心之用,就光明透彻,没有窒碍了。这就叫"物格"(事物被研究透彻了),这就叫"知之至"(知识被完全掌握了)。

致知格物,《大学》之端,始学之事也。一物格则一知至,其功有渐,积久贯通,然后胸中判然不疑所行,而意诚心正矣。(《文集》卷七二《吕氏大学解》)

《大学》是朱子构建的新儒学经典"四书"之一,朱子认为读"四书"应该首先读《大学》。《大学》提出了八条儒家学者学习、修身的重要目标:格物、致知、诚意、正心、修身、齐家、治国、平天下。朱子说："《大学》之书，古之大学所以教人之法也。"就是说，《大学》阐释了古代大学教育中最基本的教育法则。而这最基本的教育法则的八个条目中，格物、致知是排在最前面的。格物，就是穷尽义理；致知，就是获得知识。朱子认为，致知、格物，是大学教育的开端，也是最先需要学习的事情。你把一个事物研究清楚了，你就获得了一个知识，你不断努力，积累久了就可以达到融会贯通的效果，然后你胸中明白清晰，再也不会对自己的行为有所怀疑，这样就可以做到"意诚"——心志诚实、"心正"——思想正确了。

格物、致知，彼我相对而言耳。格物所以致知。于这一物上穷得一分之理，即我之知亦知得一分；于物之理穷得二分，即我之知亦知得二分；于物之理穷得愈多，则我之知愈广。其实只是一理，"才明彼，即晓此"。（《语类》卷一八）

格物、致知，是相对而言的。格物就是穷理——穷究事物之理。格物的目的是为了致知——获取知识。穷得一分理，即获得一分知；穷得二分理，即获得二分知；穷得越多，知识积累越丰富、广泛。朱子认为，世间万物都有相通之理，穷理的过程就是一个融会浃洽、触类旁通、举一反三的过程。所以他说，其实就是一个理，"才明彼，即晓此"。

致知、格物,是穷此理;诚意、正心、修身,是体此理;齐家、治国、平天下,是推此理。(《语类》卷一五)

致知、格物,是学习、研究事物的规律和原理,这是认识的层面;诚意(内心真实、没有虚妄之意)、正心(匡正自己的思想)、修身(修养自己的身心),是体悟所学到的知识和原理,这是自我涵养和完善的层面;而齐家、治国、平天下,是实现和推广所学到的圣贤之理,这是实践和力行的层面。

穷理者,欲知事物之所以然,与其所当然者而已。知其所以然,故志不惑;知其所当然,故行不谬。(《文集》卷六四《答或人》)

穷理,就是要弄懂两个要素:一、事物的原因和道理(事物之所以然)。二、事物发展的规律(其所当然)。知道了"所以然",你的思想意志才不会糊涂。知道了"所当然",你的举止行为才不会犯错。

既涵养,又须致知;既致知,又须力行。……亦须一时并了,非谓今日涵养,明日致知,后日力行也。(《语类》卷一一五)

朱子认为,人在修养身心取得一定成果后,必须继续学习以取得新的知识;取得新的知识后又必须努力去实践(力行)。当然,这三件事是互相渗透、同时进行的,不能理解为今天做涵养的事,明天做致知的事,后天做力行的事。

程夫子曰：穷理亦多端，或读书讲明道理，或论古今人物，别其是非，或应事接物，求其当否，皆穷理也。(《文集》卷五八《答王钦之》)

因其所已知而推之，以至于无所不知也。(《语类》卷一五)

朱子引用程颢、程颐兄弟的话说，穷究事物之理（穷理）的方法有很多，比如通过读书、讨论讲明道理；比如通过对古今人物的考察、研究、讨论，辩明他们的功过是非；比如通过接人处事，探求是否得当、合理等。另外，朱子还强调，要通过已经认识、掌握的事物和知识，进而以推理、演绎、分析、归纳等方法去认识、掌握那些未知的事物和知识，也即可以做到无所不知了。这就是所谓的举一反三、触类旁通。

知者达于事理而周流无滞，有似于水，故乐水；仁者安于义理而厚重不迁，有似于山，故乐山。(《论语集注》卷三)

孔子说，知者乐水，仁者乐山。朱子解释说：聪明、有智慧的人（知者）能够通达事理，融会贯通而没有滞碍，这就像水，所以他们喜欢水。具有仁德的人（仁者）固执于义理，敦厚庄重而不轻易改变，这就像山，所以他们喜欢山。朱子认为，乐水、乐山只是一个浅白的比喻，并不是说二者是截然分开的。他说圣人是兼具仁和智的，所以他们乐水、乐山都能兼得。一般人总会有所偏差，所以要加强成圣成贤的自我修养。

二 格物致知

三 修身养性

学者须是"求放心",然后识得此性之善。人性无不善,只缘自放其心,遂流于恶。"天命之谓性",即天命在,人便无不善处。发而中节,亦是善;不中节,便是恶。

三　修身养性

富贵易得，名节难保。（《文集》卷五四《答石应之》）

财富和权位容易得到，但要保全一个人的名誉和节操却很难。

仁义礼智，性也；恻隐、羞恶、辞让、是非，情也；以仁爱，以义恶，以礼让，以智知者，心也。性者，心之理也；情者，心之用也；心者，性情之主。（《文集》卷六七《元亨利贞说》）

仁、义、理、智，这些都是人的本性。同情和怜悯（恻隐）、羞耻和厌恶（羞恶）、谦逊和退让（辞让）、正确和错误（是非），这些都是人的情感的表现。因为人性中有仁，所以才产生爱；因为人性中有义，所以才产生厌恶；因为人性中有礼，所以才产生退让；因为人性中有智，所以才会去学习认知。这些都是心在起作用。人的本性是心的道理和规律（理），人的感情是心的表现。人的性和情是通过心表现出来的，所以心是人性和感情的主宰。

汤以人之洗濯其心以去恶，如沐浴其身以去垢，故铭其盘。言诚能一日有以涤其旧染之污而自新，则当因其已新者而日日

新之,又日新之,不可略有间断也。《大学章句》

朱子说,商朝的开国君主汤把人洗濯自己的心以去除罪恶,比喻为人沐浴洗澡以去除身上的污垢。所以他在自己的澡盆上刻了一篇《盘铭》:"苟日新,日日新,又日新。"这是说,真正能够每天洗涤掉自己身上旧染的污垢,从而达到自新,那么就应该顺应着已经达成的自新,而每天自我更新,第二天继续自新,而不能间断一天。

自古圣贤皆以心地为本。《语类》卷一二

圣贤千言万语,只要人不失其本心。《语类》卷一二

古人言志帅、心君,须心有主张,始得。《语类》卷一二

心若不存,一身便无所主宰。《语类》卷一二

人只有个心,若不降伏得,更做甚么人?《语类》卷一二

人精神飞扬,心不在壳子里面,便害事。《语类》卷一二

未有心不定而能进学者。人心万事之主,走东走西,如何了得?《语类》卷一二

心,在朱子的哲学中指人的理智、意识。人的理智、意识指挥人的言行,所以心是人的主宰。古人说:人的志气、志向、志趣(志)是统帅,但心是君主。心是最高的决策者,心有了主张,元帅才能行动。讲的就是这个道理。人只有一个心,人要能把握住(降伏)自己的心,人如果不能把握住自己的心(不在壳

里面),任它精神飞扬,任它东走西走,就会害事,学习也不会长进,还做什么人呢?所以他提出人要不失其本心。所谓"本心"指的是保存着天理本然状态的心,也就是还没有"放失"的心。一旦心放失了,就应该把它找回来,这就是"求放心"。"求放心"是孟子的理论,孟子说:"学问之道无他,求其放心而已矣。"就是说,我们求学问道、修养身心的方法其实很简单,就是把放失的心找回来。朱子在解释孟子的这句话时说:求学问道、修养身心的方法途径当然有很多,但是最重要的是"求其放心",因为只有这样,你才能做到"志气清明,义理昭著",进而达到向上一层的境界。不然的话,你就会陷于昏头昏脑、看不清方向和放任自流(昏昧放逸)的危险境地。朱子认为,这是"孟子开示切要之言","学者宜服膺而勿失也"。

问:"横渠言'心大则百物皆通,心小则百物皆病',何如?"曰:"此心小是卑陋狭隘,事物来都没奈何,打不去,只管见碍,皆是病。如要敬则碍和,要仁则碍义,要刚则碍柔。这里只着得一个,更着两个不得。为敬,便一向拘拘;为和,便一向放肆,没理会。仁,便煦煦姑息;义,便粗暴决裂。心大,便能容天下万物。有这物则有这理,有那物即有那道理。'并行而不相悖,并育而不相害。'"(《语类》卷九五)

"心大则百物皆通。"通,只是透得那道理去;病,则是窒碍

了。(《语类》卷九八)

张载说过这样一句话:"心大则百物皆通,心小则百物皆病。"有人问朱子如何理解这句话。朱子说,张载说的心小,是指一个人品格卑下、见识不广、心胸狭隘。这种人,遇到事情就不知道如何处理,打不开,处处被困,犯了窒碍的毛病。比如,他要了敬就妨碍了和,他要了仁就妨碍了义,他要了刚就妨碍了柔。他只能靠着一面,做不到两面的兼顾和平衡。这种人,如果去做敬,必定常常拘泥呆板;如果去做和,必定常常放任无度;讲仁,就没有原则地姑息;讲义,就粗暴叛逆。人心大了,才能容得下天下万物。心中有了这物,就有了这物的理,有了那物,就有了那物的理。《中庸》里有一段描述自然、天地博大胸怀的话:"并行而不相悖,并育而不相害。"朱子解释说:"天覆地载,万物并育于其间而不相害;四时日月,错行代明而不相悖。"这是因为天地"根本盛大而出无穷也"。这就是心大。

"心大则百物皆通。"朱子说:通,就是通达透彻地了解事理。病,就是认识事物有所困难。

大凡天之生物,各付一性。性非有物,只是一个道理之在我者耳。故性之所以为体,只是仁义礼智信五字,天下道理,不出于此。……五者之中,所谓"信"者是个真实无妄底道理,如仁义礼智,皆真实而无妄者也,故信字更不须说。……盖"仁"

则是个温和慈爱底道理,"义"则是个断制裁割底道理,"礼"则是个恭敬撙节底道理,"智"则是个分别是非底道理。凡此四者,具于人心,乃是性之本体。方其未发,漠然无形象之可见;及其发而为用,则"仁"者为恻隐,"义"者为羞恶,"礼"者为恭敬,"智"者为是非。随事发见,各有苗脉,不相殽乱,所谓"情"也。故孟子曰:"恻隐之心,仁之端也;羞恶之心,义之端也;恭敬之心,礼之端也;是非之心,智之端也。"(《文集》卷七四《玉山讲义》)

世上万事万物各有一个属于自己的特性,或者说本性。性不是一个物件,是看不到、摸不着的,它只是一个道理存在于我们身上而已。对于人来说,性就是人的本体、本性,就是仁义礼智信这五个字,天下的道理都在这五个字里。其中,"信"就是讲真实无虚,它告诉我们,仁义礼智就是真实存在的、没有一点虚假的道理,所以信字可以不必细说。"仁"是讲个温和慈爱的道理,"义"是讲个决断、取舍的道理,"礼"是讲个恭敬、调节、自我约束的道理,"智"是讲个判断是非、分析综合的道理。这四个东西都在人的心里,是人的本体、本性。当它没有表现出来的时候,看不到,也没有具体的形象;当它被使用而表现出来以后,那么"仁"表现为恻隐之心,"义"表现为羞恶之心,"礼"表现为恭敬之心,"智"表现为是非之心。它们随着具体的事情发生出不同的表现,各有各的系统,从来不会混乱,这就是我们的

"情"。所以孟子说：恻隐之心，表现出了仁的端倪；羞恶之心，表现出了义的端倪；恭敬之心，表现出了礼的端倪；是非之心，表现出了智的端倪。

孔子曰"居处恭，执事敬，与人忠"，便是存心之法。如说话觉得不是便莫说，做事觉得不是便莫做，亦是存心之法。（《语类》卷一二）

存得此心，便是要在这里常常照管。若不照管，存养要做甚么用？（《语类》卷一二）

孟子在讲"求放心"时，还讲了"存其心，养其性"。什么是存呢？朱子说，存，就是"操而不舍"——保持着而不丢弃。什么是养呢？朱子说，养，就是"顺而不害"——遵循天理赋予我们的本性而不违背它。孟子的意思是，"求放心"是第一步，心收回来了，还要"存"——不再丢掉，还要"养"——修养你的人性。这就是朱子讲的要"常常照管"，照管就是存养。朱子认为"心存时少，亡时多"，所以存养的功夫要做得持久、熟练。他说："平日涵养之功，临事持守之力。"——平日里的涵养功夫，就是你面临各种事务时的应对能力。讲到具体的存心之法，朱子说，孔子所言平时无事时庄重严肃，做事时专注敬畏，与人相处时忠诚不二，就是"存心之法"。比如说话，觉得不对的话就不要说；比如做事，觉得不对的事就不要做，都是"存心之法"。

朱子的话讲得很直白,根本就是大实话。但是做起来却不那么容易,尤其是能不能"常常"和"坚持"。他说:"记得时,存得一霎时,济得甚事?"——想起来的时候存一下,存得一下就忘了,这管什么用呢?

涵养中自有穷理工夫,穷其所养之理;穷理中自有涵养工夫,养其所穷之理。两项都不相离,才见成两处,便不得。(《语类》卷九)

朱子认为涵养和穷理这两件事是结合在一起的,是不能分离的。人在修养身心的时候,自然就有穷究事物之理的工夫在,穷究的就是你在涵养的理。人在穷究事理的时候,自然就有涵养的工夫在,涵养的就是你在穷究的事理。涵养和穷理这两件事不相分离才对,把它们分割开来就不可能得到应有的效果。

人须是于大原本上看得透,自然心胸开阔,见世间事皆琐琐不足道矣。(《语类》卷一二一)

人如果在大根本、大本原上看得透,心胸自然就会开阔,再看世上发生的各种事情,都不过是细碎小事,微不足道了。

道者,古今共由之理,如父之慈、子之孝,君仁、臣忠,是一

个公共底道理。德,便是得此道于身,则为君必仁、为臣必忠之类,皆是自有得于己。《语类》卷一三）

什么是"道"？道的原义是路,就是人们必须循此而去的路径,由此而引申出人们必须共同遵循的道理、道义等。所以朱子讲道是"古今共由之理"、"公共底道理"——古往今来大家都必须共同遵循的道理。什么是"德"？朱子说,德就是"得",就是得到了道,你得到了道,就有了"德"。朱子用了一个中国古代训诂学上"声训"的方法,利用"德"、"得"同声相训的方法,非常形象地解释了"德"的真谛——你真正得到了"道",你才是有德之人。

有心悖理谓之恶,无心失理谓之过。《通书注》）

如果故意违背天理做坏事、错事,那是"恶"。如果不自觉地做错了事,那是"过"。朱子认为,恶与过的区别在于是不是主观故意,知理而背理,那是罪恶；不知理而违理,那是过失。过失是可以原谅的,而罪恶不能。

天下之事,非艰难多事之可忧,而宴安酖毒之可畏。政使功成治定,无一事之可为,尚当朝兢夕惕、居安虑危而不可以少怠。《文集》卷一一《戊申封事》）

天下的事情,并非艰苦危难、困难重重才值得忧虑,而贪图享受、沉湎安乐,才像是喝了毒酒一样可怕。即使功成名就,天下大治,没有什么事可以做了,尚且应当从早到晚小心谨慎、兢兢业业,居安而思危,不可有丝毫的懈怠。

欲之甚,则昏蔽而忘义理;求之极,则争夺而至怨仇。(《语类》卷一二一)

欲望过分了,就会头脑发昏而忘记了道义和天理;追逐得急迫了,就会去争斗、抢夺而导致怨恨和仇视。

天下事未尝不生于忧患,而死于安乐。若这吉处,不知戒惧,自是生出吝来。虽未至于凶,毕竟是向那凶路上去。(《语类》卷七四)

生于忧患而死于安乐,这是一条被无数事实证明了的规律。如果你处在吉利的境遇,却没有戒骄戒躁、心怀忧患的意识,那就一定会生出让你悔恨的事情来,这也就意味着你是在向凶险的路上走了。

人于道理不能行,只是在我之道理有未尽耳。不当咎其不可行,当反而求尽其道。(《语类》卷一三)

一个人如果自以为正确的事情却行不通,那一定是自己的事情在道理上还有未尽之处。这时候,你不能怪事情做不通,而应该返回来从道理上把自己的事情理顺(尽其道)。

见人之善,而寻己之善;见人之恶,而寻己之恶。如此,方是有益。(《语类》卷二七)

孔子说:"见贤思齐焉,见不贤而内自省也。"朱子在解释这句话时说:"思齐",就是希望自己也有这样的善。"内自省",就是害怕自己也有这样的恶。所以他说,看到别人的优点,就找找看自己有没有这样的优点;看到别人的缺点,就找找看自己有没有同样的缺点。这样做,才是有益的。

人未说为善,先须疾恶。能疾恶,然后能为善。今人见不好事,都只恁不管它。"民之秉彝,好是懿德",不知这秉彝之良心做那里去,也是可怪。(《语类》卷一三)

人在说做善事之前,先要知道痛恨坏人坏事(疾恶)。能够疾恶了,然后才会知道做好事。现在的人看到不好的事情,都是见怪不怪,听之任之。《诗经》里说,是人就会秉持着一个不变的原则,这个原则就是喜爱美好的品行。奇怪的是,现在的人不知道把这种保持原则的良心放到哪里去了。朱子在这里提出了一个先疾恶,然后才能为善的道理。这就是不破不立的道理:知道了什么是不好,才知道什么是好。朱子对见到坏事不闻不问提出了批评,他认为,这种人是把良心丢了。把良心丢了,也就是把善心丢了。联系到朱子在前文讲到的"先须疾恶",就更能体会他强调"能疾恶,然后能为善"的苦心所在了。

大率为善须自有立。今欲为善之人不可谓少,然多顾浮议,浮议何足恤?盖彼之是非,干我何事?亦是我此中不痛切耳。若自着紧,自痛切,亦何暇恤它人之议哉!(《语类》卷一二一)

一般来说,人要向善、为善,需要有自己立定志向的决心。现在想要为善的人其实并不少,但往往顾忌流言蜚语、冷嘲热讽。可是流言蜚语、冷嘲热讽有什么可怕的呢?那些散布流言的人搬弄是非,与我有什么关系?话说回来,还是自己内心向善、为善的心念还不够痛切。如果自己觉得很紧要,很痛切,又哪里有时间去顾忌别人的议论呢?

程子所谓"知其不善则速改以从善",曲折专在"速改"字上着力。若今日不改,是坏了两日事;明日不改,是坏了四日事。今人只是惮难,过了日子。(《语类》卷二一)

最要在"速"字上着力。凡有过,若今日过愈深,则善愈微。若从今日便改,则善可自此而积。(《语类》卷二一)

《论语·学而》中孔子说:君子"过则勿惮改"。朱子解释这段话的时候引用了程子的话:"学问之道无他也,知其不善,则速改以从善而已。"朱子认为,程先生的这句话,关键是个"速"

字。人不可能没有过错,问题是知道了错误以后要马上改正。一天不改就坏了一天的事,坏就会加深,坏加深了,善就小了。那么为什么人不能"速改"呢? 他说这是因为"惮",惮就是畏难。他说:"有过则当速改,不可畏难而苟安也。"过及时地改了,善也就积累起来了。

须是慈祥和厚为本。如勇决刚果,虽不可无,然用之有处所。《语类》卷一三

血气之怒不可有,义理之怒不可无。《语类》卷一三

容貌辞气,乃德之符也。《语类》卷一三

人应该以慈祥、平和、宽厚为做人的根本。当然,勇敢、坚决、刚强、果断这些品性也是不可缺少的,只是它们应该用在应该用的地方。比如,凭自己的本能和一时之情感而动怒是不应该的,但是为道义和真理而动怒却是不能没有的。所以朱子说,一个人的表情、神态(容貌)、言语、气度(辞气)就是这个人内心修养的符号和标志。

悔,自凶而趋吉;吝,自吉而趋凶。《语类》卷七四

悔者,将趋于吉而未至于吉;吝者,将趋于凶而未至于凶。《语类》卷七四

悔是渐好,知道是错了,便有进善之理。悔便到无咎。吝

者,喑鸣说不出,心下不足,没分晓,然未至大过,故曰小疵。然小疵毕竟是小过。(《语类》卷七四)

朱子在讲解《易经·系辞传》的时候,专门对"悔吝者,忧虞之象也"(悔、吝,是人在犯了小过错时忧患、愁虑的心理状态的象征)做了解释。他认为悔是一种自觉和理性的表现,人犯了小过错,如果知道悔悟、悔改,那就意味着将从凶险中走出来,而趋向于吉利(无咎)。吝,则是一种矛盾、不自觉、犯浑的表现。人如果犯了小错误,心有犹豫却不知道该怎么办,那就会走向凶险,最后酿成大错。

但穷达有命,非可力求。若其有之,当不待求而自至;如其无之,求亦奚益?惟道义在我,人皆有之而求无不得。今乃以彼而易此,其于利害之算可谓舛矣。(《文集》卷五九《答龚伯善》)

人生难免会碰到困厄和顺利的时候,这就是人的命。但是人生的命运并不是可以以人力来改变的。你的命中应该有的东西,你不去求它,它也会自己来。如果命中没有,你去求它,又有什么用呢?只有道义这个东西是人人都有的,只要你去求它,没有得不到。可是现在有些人,却想用求不到的东西来取代求得到的东西,这样来计算利害关系,可真是大错特错了。朱子的话,初看起来好像有点宿命论,但是你仔细品品,其实他是在要求人关注道义,做正确的事情,而不要只关注眼前的得失成败。得失成败的关键不是你的所求,而是你的所为。朱子在《白鹿洞书院揭示》里说,"正其义不谋其利,明其道不计其功",乃是"处事之要",讲的就是这个道理。

大抵吾辈于货色两关打不透,便更无话可说也。(《文集》卷四九《答王子合》)

我们这些人,如果在金钱(货)和女色(色)这两关面前通不过,那么其他的事情也就不用说了。

学者不于富贵贫贱上立定,则是入门便差了也。(《语类》卷一三)

朱子说,孔子教导学生治学、做人,"必先教取舍之际界限分明,然后可做工夫。不然则立脚不定,安能有进?"就是说,人要知道取舍,什么是值得追求的,什么是可以放弃的,只有把这个界限划清楚了,你才可能上进。比如在道义、真理与富贵、贫贱发生纠葛时,你到底选择什么?这就决定了你的立场。立场错了,那就等于是进错了门、走错了路。

改过贵勇,而防患贵怯,二者相须,然后真可以修慝辨惑而成徙义崇德之功。(《文集》卷四四《答蔡季通》)

改正错误贵在勇敢决绝,而防患过错则贵在畏惧和谨慎。

这两种心理相互作用,就可以真正做到改正错误、辨别是非,从而成为孔子所说的"徙义"(改变自己而向道义靠拢)、"崇德"(尊崇高尚德行)的人。

自治不勇,则恶日长,故有过则当速改,不可畏难而苟安也。(《论语集注》卷一)

朱子在解释《论语》"过则勿惮改"时说,自己不能勇于医治自己的缺点、错误,那么自己身上的恶习就会一天一天地生长。所以犯了错误就应当赶紧改正,不可以畏难而苟且偷安,得过且过。朱熹年轻时曾经一度迷恋佛学,他的老师感到他走错了路,就给他写了"不远复"三个字。朱子是个绝顶聪明的人,他认真检讨了自己的学术思想和道路,很快摆脱了对佛学的迷信,回归到儒学的正确道路上来,最终成为一代大儒,创立了新儒学,使中国自己的文化传统得以延续、传承,为国家和民族作出了巨大的贡献。"不远复"是《易经》中的一句话,意思是,如果走错了路,就应该赶紧回头,不要越走越远。这就是朱子讲的"过则当速改"的意思。北宋哲学家周敦颐讲过一句话:"今人有过,不喜人规,如护疾而忌医,宁灭其身而无悟也。噫!"这是讲我们犯错误不要怕别人指出,别人指出你的错误是一件可喜的事。但是生活中就是有一些人,不喜欢别人纠正自己的错误,而是"护疾而忌医"——护着自己的毛病而忌惮医治。这样的人简直就是宁愿自己毁灭自己而不肯觉悟。所以,周敦颐要发出一声感叹——"噫!"——实在是想不通啊!

"近惟见得富贵果不可求,贫贱果不可逃耳。""此是就命上理会,须更就义上看当求与不当求、当避与不当避,更看自家分上所以求之避之之心是欲如何,且其得丧荣辱与自家义理之得失利害孰为轻重,则当有以处此矣。"《文集》卷五六《答朱飞卿》)

有人对朱子说,自己近来悟出一个道理,就是富贵是求不来的,贫贱也是逃不过的。朱子听后对他说,你不能只讲命,只讲命太消极。应该从道义上来看什么是应该求的,什么是不该求的;什么是应该避的,什么是不该避的。更应该追问一下自己求和避的用心是什么,想一想求和避的得失、荣辱与自己认同的道义、道理的得失,究竟谁轻谁重,这样你就可以很好地处理求和避的问题了。

臣闻:"天有显道,厥类惟彰。"作善者降之百祥,作不善者降之百殃。是以人之祸福,皆其自取。未有不为善而以谄祷得福者也,未有不为恶而以守正得祸者也。《文集》卷一二《甲寅拟上封事》)

《书经》中有一句话:"天有显道,厥类惟彰。"是说,天有光明正大的道,分门别类地告示着它的义理,明明白白。朱子说,这就告诉我们,做好事的人,天就会把吉祥降给他;做坏事的人,天就会把灾殃降给他。所以,人生的祸福,其实都是自己拿来的。从来没有不做好事而依靠巴结神灵、磕头祈祷的人是会得福的,也从来没有不做坏事而能够坚守正道的人是会得祸的。

若看些利害,便不免开口告人,却与不学之人何异?向见李先生说,若大段排遣不去,只思古人所遭患难有大不可堪者,持以自比,则亦可以少安矣。始者甚卑其说,以为何至如此,后来临事,却觉有得力处,不可忽也。《文集》卷四五《答廖子晦》）

人如果碰到一点麻烦事、委曲事、痛楚事,就忍不住要对人述说,这样做证明你学养还没到家。当年我听李侗先生说,如果遇到内心痛苦又无法排解,可以想一想古人所遇到的患难,有的大到简直不堪忍受的地步,拿自己的事和他们相比,就可以稍稍得到一点安慰了。朱子说,当年听了这番话,很不以为然,直到后来自己亲身经历了这样的事,才知道老师的话特别得力,真是不可小看。

"人之生,不幸不闻过,大不幸无耻。"此两句只是一项事。知耻是由内心以生,闻过是得之于外。人须知耻,方能过而改,故耻为重。《语类》卷九四）

北宋的哲学家周敦颐说,人来到世上,一个不幸的事是,看不到自己的过错。而最大的不幸是,没有羞耻之心。朱子解释说,周敦颐的这两句话其实说的是一件事,就是人要知耻。闻过,是外因;知耻,是内因。人有了羞耻之心,才知道改正错误。所以知耻是最重要的。

如曾子三省处看来,是当下便省,省得还有不是处便改。(《语类》卷二〇)

孔子的学生曾子说,我每天要三次反省自己:"与人谋(为别人做事)而不忠乎?与朋友交而不信乎?传不习乎(老师教我的知识是不是复习了、掌握了)?"朱子说,其实曾子是时时事事在反省,做错了一件事就马上改正。

人之才德,偏有短长,其或意中了了,而言不足以发之,则亦不能传于远矣。故孔子曰:"辞达而已矣。"程子亦言:"《西铭》吾得其意,但无子厚笔力,不能作耳。"正谓此也。然言或可少而德不可无,有德而有言者常多,有德而不能言者常少。学者先务,亦勉于德而已矣。(《通书注》)

朱子说:人的才能和德行是各有偏重或长短的,有的人心里的想法非常清楚,却无法用语言表达出来,这样,他的思想就不能传播到很远的地方去。所以孔子也讲:"语言只要能准确表达就可以了。"程先生也说:"《西铭》是一篇好文章,它的意思我完全领会,但是我没有张先生(张载,字子厚)的笔力,所以写不出来。"然而,语言可以少,而德却不可以没有。有德,表达能力很好的人很多;有德,表达能力很差的人却不多。所以学者首先要努力学习的是德行。

我不得乎天,亦不怨天;不得乎人,亦不尤人,与世都不相干涉。方其下学人事之卑,与众人所共,又无奇特耸动人处。及其上达天理之妙,忽然上达去,人又捉摸不着,如何能知得我?知我者毕竟只是天理与我默契耳。(《语类》卷四四)

孔子说:"不怨天,不尤人,下学而上达,知我者其天乎!"朱子的学生在读到《论语·宪问》中的这一段话时问孔子为什么突然会讲这些话,于是朱子讲了上面的那一席话。意思是说,人活在世上,如果得不到社会(天)的认可,不能怨恨社会(天);如果得不到别人的认可,也不能责怪别人。其实这与世事、人事都不相干。关键在你自己有没有做好"下学而上达"的功夫。"下学",就是要做好最基本的、最切近生活的各种小事,也就是做好人。所谓"下学",都是些和普通人一样的寻常事,并不是什么惊天动地的事情,人家当然看不出你的奇特之处。但是真正把"下学"做好了,才可能"上达","上达"就是你的知识本领从感性上升到了理性,你有了理论与理性的高度了。可是,当你达到这样的高度时,它的形而上的玄妙又是一般人所不能理解的。所以你永远是孤独的。但是,这时你却是和天理、天道相默契的。孔子就是这样的人,所以他能做到"不怨天,不尤人"。朱子非常反对那些为了出人头地,故意弄出一些奇奇怪怪的事情来吸引人眼球,从而博取声名和地位的做法。他认为"下学而上达"才是正途。

无意者,浑然天理,不任私意也;无必者,随事顺理,不先期必也;无固者,过而不留,无所凝滞也;无我者,大同于物,不私一身也。四者始于意而行于必,留于固而成于我。盖意、必常在事前,固、我常在事后,而我复生意,循环不穷也。(《论语或问》卷九)

《论语·子罕》说:"子绝四:毋意,毋必,毋固,毋我。"意思说,孔子绝对不干这四件事:一意,就是私意;二必,就是一定要如何如何;三固,固执;四我,就是一己之私。那么,如何来理解《论语》里的这句话呢?朱子说:无意,就是完全地遵循天理而不掺杂一点个人的私意;无必,就是顺其自然,不预先作主观臆断一定要达到什么目的;无固,就是事情过去了就不再纠结、固执;无我,就是把自己融入宇宙万物,而不把自己看得过重。这四件事是连在一起的,是一个循环的关系。其中"意"是开始,"必"是行动和表现,"固"就是凝滞不变了,最后就是为了满足于"我"——一己之私利。"意"和"必",常常发生在事前;"固"和"我",常常表现在事后。而有了"我",就一定会再生出"意"来,有了"意"又会有"固"、"我",如此就循环往复、没有尽头了。

未尝行之,不可逆料今日之不可行。且事亦顾理之所在如何耳,理在当行,不以行之难易为作辍也。尽心竭力而为之,不幸而至于真不可行,然后已焉,则亦无所憾于吾心矣。(《文集》卷三七《与芮国器》)

事情要去做,如果你不去做,你怎么能预料到它是不是可行呢?关键是看事情是不是"在理",即事情本身该不该去做。如果这是一件应该做的事,就不能因为它的困难或容易就不做。你尽心竭力地去做了,很不幸还是做不成,虽然最后只能放弃,但这样也就无愧于自己的良心了。

学者实下功夫,须是日日为之,就事亲、从兄、接物、处事理会取。其有未能,益加勉行。如此之久,则日化而不自知,遂只如常事做将去。(《语类》卷一三)

自我修养的功夫,是需要一天天不间断地积累和坚持的,从如何对待父母、如何恭敬兄长、如何待人接物、如何处理事情这些琐碎的事情上开始做起。凡是没有做好的,就要要求自己更加努力地去做。这样坚持的时间久了,就会将功夫内化为自觉的行为举止，一切就像是寻常的事情一样，习惯成自然了。

熹闻之，孟子有言，"天下有达尊三：爵一，齿一，德一。"此言三者之尊达于天下，人所当敬而不可以慢焉者也。虽然，爵也，齿也，盖有偶然而得之者，是以其尊施于朝廷者则不及于乡党，施于乡党者则不及于朝廷，而人之敬之也亦或以貌而不以心。惟德也者，得于心，充于身，刑于家而推于乡党，而达于朝廷者也。有是而兼夫二者之尊焉，则通行天下，人莫不贵。虽敛然退避，不以自居，而人之所以心悦而诚服者，盖不可解矣。
（《文集》卷三七《上黄端明》）

孟子说，世上有三种人，他们的尊贵是天下通行的：一是地位（爵），一是年龄（齿），一是德行（德）。这三种人都会得到人们的尊敬而不敢怠慢、冷遇他们。虽然这样，但是人的地位和年龄还是有偶然性的。所以，具有爵、齿之尊的人，可以在朝廷得到尊重却不一定能在家乡得到，能在家乡得到尊重却不一定能在朝廷得到。而人们对他们的尊敬，也可能只是表现在外表而不是出于内心。唯有那些具有高尚德行的人，他们的德行得之于内心，充满了他们的言行举止，表现在家里，推广到乡里，进而达到了朝廷。有德之尊的人如果又能兼有爵、齿之尊，那就能通行天下，这样的人没有不尊贵的。他们即使很低调，退让回避，从来不以尊贵自居，可是人们依然因此而对他们心悦诚服，这其中的原因恐怕不需要解释了吧。

学者当常以"志士不忘在沟壑"为念，则道义重而计较死生之心轻矣。况衣食至微末事，不得未必死，亦何用犯义犯分，役心役志，营营以求之耶？某观今人因不能咬菜根而至于违其本心者众矣，可不戒哉！《语类》卷一三》

孟子讲，坚守节操的有志之士，不怕死后被弃尸在山沟里；见义勇为的人，也不怕掉脑袋。我们要时常想想孟子的这句话，那么就会做到以道义为重，而不计较生死了。何况吃的、穿的是多么微不足道的小事，得不到未必会死吧？又何必为了这些东西去触犯道义和法律，而为自己的欲望所驱使，整天焦躁不安、四处钻营呢？我看有些人，因为受不了每天吃粗茶淡饭的苦，以致做出违背自己良心的事。这样的人还少吗？我们能不以此为戒吗？

夫不知善之真可好，则其好善也，虽曰好之，而未能无不好者以拒之于内；不知恶之真可恶，则其恶恶也，虽曰恶之，而未能无不恶者以挽之于中。是以不免于苟焉以自欺，而意之所发有不诚者。夫好善而不诚，则非惟不足以为善，而反有以贼乎其善；恶恶而不诚，则非惟不足以去恶，而适所以长乎其恶。是则其为害也，徒有甚焉，而何益之有哉？《大学或问》下》

三　修身养性

《大学》第六章解释"意诚而后心正"说:"所谓诚其意者,毋自欺也,如恶恶臭,如好好色。"诚,就是实,就是实实在在、真实无妄,就是发自内心的真实情感。就好像我们总是天然地讨厌难闻的气味,喜欢美丽的容貌一样。朱子由此出发,指出人对于善和恶也有一个"意诚"的问题。如果你不是出自内心地认识到什么是真的善,那么,虽然你也说要"好善",但你未必能真正地从内心去拒斥那些不好的东西;同样,如果你不是真正地从内心里认识到恶的东西是真可恶,那么,虽然你也说要"恶恶",但你未必能把不恶的东西(善)揽入怀中。朱子认为,如果不是发自内心的"好善"(好善而不诚),非但不足以为善,反而会伤害善;同样,如果不是发自内心的"恶恶"(恶恶而不诚),非但不足以除恶,反而会助长恶。朱子认为,这就是一种不认真、不真实的自欺行为。所谓"自欺",就是口头上承认要为善而去恶,却不是发自内心的真实情感。所以,朱子强调"诚其意者,自修之首也"——诚意,是自我修养的头等大事啊。

学者须是"求放心",然后识得此性之善。人性无不善,只缘自放其心,遂流于恶。"天命之谓性",即天命在,人便无不善处。发而中节,亦是善;不中节,便是恶。(《语类》卷一二)

"求放心",是孟子说的:"学问之道无他,求其放心而已。"他说,人把鸡和狗放出去了,都知道要把它们找回来,可是自己的心放出去了,却不知道要找回来。这是多么悲哀的事啊!朱子说,读书人必须要"求放心"——把自己放失在外的心找回来,这样你才能认识到自己心里善良的东西。人性,没有不善的,只是因为你把自己善良的本心丢失了,才使自己陷入邪恶。所谓"天命之谓性",是说只要天理所赋予人的本性(天命)在你的心里,人就不会有不善的地方。你的情感、动作表现出来能够中规中矩,符合节度,也是善的;如果不符合节度,就是恶了。朱子说:"试定精神看一看,许多暗昧魍魉,各自冰散瓦解。""试定精神",就是"求放心",心收回来了,你心中黑暗的东西和各种妖魔鬼怪就无处藏身了。他引用了宋太祖的一首诗:"未离海底千山黑,才到天中万国明。"是说,太阳还没有升起来的时候,大地一片黑暗,当太阳刚刚露出一丝阳光,道路就看得清了。太阳其实就是你的心,问题是你的心丢失了没有。

人生诸事,大抵且得随缘顺处,勉力读书,省节浮费,令稍有赢馀,以俟不时之须,乃佳耳。(《文集》卷六四《答许进之》)

人生在世,要学会顺应可能出现的各种机缘(随缘),任其自然(顺处),努力读书,节省不必要的开支,要有一点积蓄,以应对可能出现的危机。这就是好的生活。

人有诈、不信,吾之明足以知之,是之谓"先觉"。彼未必诈,而逆以诈待之;彼未必不信,而先亿度其不信,此则不可。周子曰:"明则不疑。"凡事之多疑,皆生于不明。如以察为明,皆至暗也。(《语类》卷四四)

孔子说:"不逆诈,不亿不信。抑亦先觉者,是贤乎?"不预先怀疑别人欺骗自己,不凭空想象(亿度)别人不诚实,却能够及时发现(诈和不信)的人,应该是贤人吧?孔子在这里提出我们待人要"不逆诈"和"不亿不信"。但是如何才能做到不逆诈、不亿不信,又能"先觉"呢?朱子说,关键是"吾之明",就是说只有自己"明"了才能先觉。他引用周敦颐的话:"明则不疑。"凡是多疑的人,都是由于不明造成的。那么,什么是明呢?程颢说:"人以料事为明,便骎骎然入逆诈、亿、不信去也。""料事",就是预测、预料。程颢说人们以为"料事"就是明,于是就不自觉匆匆忙忙地进入了逆料、亿、不信的坑里去了。所以朱子说,以料事(察)为明,都会陷入不明。但是,程颢并没有说明"明"是什么。朱子呢,有学生问他怎样才能做到"先觉",他讲过这么一段话:"聪明底人,便自觉得。如面动言肆,便见得是将诱我。"——聪明人可以从人的语言表情上看出人的真伪。他说的是"聪明"。但是人如何才能聪明呢?在他说的这句话后面他举了一个例子:西汉时燕王告发大臣霍光谋反,但是,"汉昭帝便知得霍光不反。燕在远,如何知得?便是他聪明见得,岂非贤乎?若当时便将霍光杀了,安得为贤?"汉昭帝不相信燕王的话,是因为燕在遥远的北方,他如何知道京城里的事? 这就是汉昭帝的聪明。读到这里,我们恐怕应该已经知道朱子关于何者为"明"的答案了吧?

人谨得言语不妄发,即求仁之端。此心不放,便存得道理在这里。(《语类》卷四二)

孔子的学生司马牛问什么是仁,孔子回答他"仁者其言也讱"。朱子解释说:孔子说的讱,就是忍,这是很难做到的一件事。仁者的心里保存着天理而不让心随便放纵,所以他对自己的言论能够忍而不轻易发表。司马牛这个人喜欢随便说话而且急躁,所以孔子就让他先从这一点开始做起。朱子认为,孔子的这番话,一方面体现了孔子因材施教的教育方法,另一方面也告诉我们:谨言慎行,不放失本心,这也是追求仁德的重要方法和途径。

不一其内,则无以制其外;不齐其外,则无以养其中。静而不存,则无以立其本;动而不察,则无以胜其私。故齐明盛服,非礼不动,则内外交养,而动静不违,所以为修身之要也。(《中庸或问》下)

朱子讲,"一",就是诚。诚,就是真实不虚假。诚就是一,就是"纯一不杂"。一个人如果内心不诚实、纯一,那么他就不可能把握和控制住自己的言行举止（外）；齐，就是要使自己的言行举止和自己的内心保持一致。如果一个人不能使自己的言行举止与自己的内心保持一致，那么，他就不可能修养好自己的身心（中）。人在安静的时候（静，是一种心理状态，指没有思虑、行动的状态），如果内心没有一个真实的、符合道的思想存在，那么，他就不能把做人的根本确立起来。当你开始思考、行为的时候（动），如果你不能审察、判断，那么，你就无法战胜你的私欲。所以，《中庸》讲："齐明（整齐严明）盛服（衣冠整齐），非礼不动（不符合礼的事情坚决不做），所以修身也。"做到这一点，就可以内外一起修养，不论动静都能不违背道义，也就把握了修身的关键。

持守之要，大抵只是要得此心常自整顿，惺惺了了，即未发时不昏昧，已发时不放纵耳。（《文集》卷五四《答项平父》）

持守，就是保持自己的操守。人怎样才能保持住自己的操守呢？朱子说，一个总的原则是，要时时对自己的内心世界（思想、意识、观念等）进行检点、反省（整顿），做到清醒不昧（惺惺了了）。也就是，当你的情感、情绪还没有发生的时候，你是清醒的而不是昏昧的；当你的情感、情绪表现出来时，又不放纵自己。

夫子云:"不学《诗》,无以言。"先儒以为心平气和则能言。《易·系辞》曰:"易其心,然后语。"谓平易其心而后语也。明道先生曰:"凡为人言者,理胜则事明,气忿则招怫。"(《文集》卷四〇《答刘平甫》)

孔夫子说,不学习《诗经》,就不能提升你的表达能力。前辈的儒家学者认为,心气平和了,才能流畅充分地表达思想。《易经·系辞》说:"易其心,然后语。"就是说要把自己的心绪放平和了,然后再发言。程颢先生说,凡是和别人讨论、争辩问题,你在理、占理了,事情自然明白。但是如果你心态不平、怒气冲冲,那只能事与愿违。

四 敬

近来觉得"敬"之一字,真圣学始终之要。其所谓敬,又无其他玄妙奇特,止是教人每事习个专一而已。

四 敬

"敬"字工夫乃圣门第一义。（《语类》卷一二）

自古圣贤，自尧舜以来，便说这个"敬"字。孔子曰："修己以敬。"此是最紧处。（《语类》卷二一）

敬，是一种修养的工夫，这是进入圣贤之门的第一要义。古代的圣贤从尧、舜以来就讲敬了。孔子说："修己以敬。"（用敬的工夫来修饰身心、涵养学问）这是最紧迫、重要的事情。

敬者，一心之主宰，而万事之本根也。（《大学或问》上）

敬者，主一无适之谓。（《论语集注》卷一）

只是莫走作。且如读书时只读书，著衣时只著衣。理会一事时，只理会一事，了此一件，又作一件，此"主一无适"之义。（《语类》卷九六）

朱子对"敬"有很多解释，比如：敬，就是把握住自己的心，这是所有事情的根本。比如：敬，就是专注于一件事，而不要分心跑到别的地方去。"主一"，就是专一。"无适"，就是集中思想，不分神。"走作"，就是乱跑。

学者工夫，唯在居敬、穷理二事。……能穷理，则居敬工夫

日益进；能居敬，则穷理工夫日益密。《《语类》卷九》

朱子经常讲"居敬"和"穷理"这两个概念。所谓"居敬"，就是指人的身心处于一种恭敬慎重的状态。所谓"穷理"，就是指对各种事物原理和规律的学习、研究的过程，并最终予以把握。如果"穷理"是目标的话，那么"居敬"就是实现这一目标必须具备的条件。朱子认为，居敬和穷理这两件事，是互相促进、互相影响的。如果能穷理，那么你对居敬的认识就会进一步加深，自然会更自觉地加强居敬工夫。反过来说，如果你把居敬做好了，那么，你的穷理工夫也一定会一天比一天细密。

近来觉得"敬"之一字，真圣学始终之要。《《文集》卷四二《答胡广仲》》

其所谓敬，又无其他玄妙奇特，止是教人每事习个专一而已。《《文集》卷四八《答吕子约》》

敬，只是此心自做主宰处。《《语类》卷一二》

问："敬何以用工？"曰："只是内无妄思，外无妄动。"《《语类》卷一二》

敬，是朱子思想体系中一个非常重要的概念。敬的内涵很复杂，朱子最强调的是"专一"。这是一种心理状态，就是在意识、意念活动的时候，能够保持注意力的集中而不散失、转移。人只有在这样的心理状态下，才可能做好事、读好书，才可能保持清醒的头脑,不犯错误。

敬有甚物?只如"畏"字相似。不是块然兀坐,耳无闻,目无见,全不省事之谓。只收敛身心,整齐纯一,不恁地放纵,便是敬。(《语类》卷一二)

敬是什么呢?敬和"畏"(心有畏惧之感)字差不多,不是木然无知地一个人坐在那里,耳朵不听,眼睛不看,全然不知任何事情。敬只是要求你把身体和精神收敛起来,做到整齐、单纯、专一,不放纵。

凡人所以立身行己,应事接物,莫大乎诚敬。诚者何?不自欺、不妄之谓也。敬者何?不怠慢、不放荡之谓也。今欲作一事,若不立诚以致敬,说这事不妨胡乱做了,做不成又付之无可奈何,这便是不能敬。人面前底是一样,背后又是一样,外面做底事,内心却不然,这个皆不诚也。学者之心,大凡当以诚敬为主。(《语类》卷一一九)

诚、敬,是人处世立身的根本。诚,就是不做自己欺骗自己的事,就是真实不虚。《大学》说:"所谓诚其意者,毋自欺也。"讲的是人的内心、意识。敬,就是认真、严肃,不马虎,不放纵自己,不玩世不恭。讲的是人的行为方式。朱子举例说,如果做事不认真,做不好事情又听之任之,这就是不敬。人前一套,人后又一套,心里想的和表面做的完全不一样,这都是不敬。所以朱子要求我们做事情,要"立诚以致敬",即内心要诚而行动要敬。

人之心性,敬则常存,不敬则不存。(《语类》卷一二)

敬不是只恁坐地,举足动步,常要此心在这里。(《语类》卷一二)

无事时,敬在里面;有事时,敬在事上。有事无事,吾之敬未尝间断也。(《语类》卷一二)

人的心性,只有在敬的状态下才是存在的,不敬,心性也不在了。而敬的要义正在于,无论干什么,我的心都在这里,一分钟也不曾离开。无事的时候,敬在心里;有事的时候,敬在事上。不管有事无事,我都保持着一个敬字,从来不曾间断。

夫"必有事焉"者,敬之谓也。若曰其心俨然,常若有所事云尔。夫其心俨然肃然,常若有所事,则虽事物纷至而沓来,岂足以乱吾之知思?而宜不宜、可不可之几,已判然于胸中矣。(《文集》卷四〇《答何叔京》)

朱子又认为,孟子所说的"必有事焉"就是敬。什么是"必有事焉"?朱子说:"孟子所谓'必有事焉'者,言养气当用工夫,而所谓工夫,则集义是也。"在《孟子集注》里,他强调"集义"就是要"事事皆合于义"。胸中存有定见,处事合乎道义,心志自然专一,言行自然端正。那么,"敬"与"义"又有何区别呢?

敬者,守于此而不易之谓。义者,施于彼而合宜之谓。(《语类》卷一二)

敬要回头看,义要向前看。(《语类》卷一二)

敬,就是能守住底线,坚持原则,不动不摇。义,就是行为是适宜的、符合实际的。敬,就是要不断地反思、总结、提醒。义,则是要不断地前进、努力、施行。

"敬以直内",是无纤毫私意,胸中洞然,彻上彻下,表里如一。"义以方外",是见得是处决定是恁地,不是处决定不恁地,截然方方正正。(《语类》卷六九)

《易传·文言传》里说:"君子敬以直内,义以方外,敬、义立而德不孤。"意思是说,君子内心恭敬正直,行为举止合乎规范。敬和义做好了,就能使美德广布而不孤立。这两句话其实说的是人要做到内在德性与外在行为的统一:内在要恭敬不苟、正直不欺,外表要行为适宜、处事端方。朱子是这样解释的:"敬以直内",就是内心没有一丝一毫的私心杂念,内心(胸中)没有见不得人的东西(洞然,就是透明、无杂物),从头到脚,从内到外,表里如一(不是说一套做一套)。"义以方外",就是看到正确的(是处),果断去做;看到错误的(不是处),坚决不去做,方方正正,毫不含糊。

程夫子之言曰:"涵养须是敬,进学则在致知。"此二言者,实学者立身进步之要。《文集》卷五六《答陈师德》

涵养、穷索,二者不可废一,如车两轮,如鸟两翼。《语类》卷九)

此二言者,体用本末无不该备。《别集》卷五《丁仲澄》)

朱子非常赞赏程颐讲的一句话:修身养性(涵养)需要用收敛身心,专注谨畏(敬)的功夫,增长学问则在于求取、获得知识(致知)。这是学者立身和进步的关键。朱子又说,这两件事,就像车的两个轮子、鸟的两个翅膀,把体用(本体、本质、规律、根源与表现、使用、具体方法)和本末(主与次,先与后)的关系讲得很清楚、全面了。

夫人饱食逸居而无所作为于世,则蠢然天地之一蠹也,故人不可以无作。然作而不敬,其所作也终无成矣。《文集》卷七五《魏甥恪字序》)

《诗经·商颂》里说:"自古在昔,先民有作。温恭朝夕,执事有恪。"朱子说,这里"作"解释为"为","恪"解释为"敬"。意思是说,在古代我们的先人们是有所作为的,是勤劳奋斗的。他们从早到晚怀着温和恭敬的心情,兢兢业业、专心致志地做着自己的工作。朱子说,现在的人比古人的生活条件好多了,吃得饱,住得舒服,可是却无所事事、无所作为,愚蠢笨拙得简直就是天地间的一只蛀虫(蠹)。所以,人不可以不工作,应有所作为。但是工作了却不能专注、尽心尽力,也是不会成功的。

五 天理人欲

一人之心,合道理底是天理,徇情欲底是人欲。

去人欲,存天理。

五　天理人欲

日用之间,莫非天理之流行。(《论语集注》卷六)

一人之心,合道理底是天理,徇情欲底是人欲。(《语类》卷七八)

饮食者,天理也;要求美味,人欲也。(《语类》卷一三)

"天理"和"人欲"是朱子经常提到的问题,也是最被人诟病的话题,好像朱子是个禁欲主义者。其实朱子对天理、人欲的界定是非常清晰的,只是人们不了解或不愿了解而已。朱子认为,天理,就是天地自然和人类社会的客观规律,是本来自该如此的道理,它充塞在自然和我们的日常生活之中,无处不在。人欲,恰恰就是违背这些规律的东西,它的形成主要是由于人的错误的、过度的欲望。可见,朱子并不反对人有欲望,他认为人的合理欲望也是天理。但是,他更强调人要节制自己的欲望,因为欲望一旦越界,就成了人欲。朱子反复讲"存天理,灭人欲",就是这个道理。

去人欲,存天理,且据所见去之、存之。工夫既深,则所谓似天理而实人欲者次第可见。今大体未正,而便欲察及细微,恐有"放饭流歠,而问无齿决"之讥也。(《文集》卷四五《答吴德夫》)

孟子讲处理事情首先要抓大事和急事,他讽刺那些不知轻重缓急、胡子眉毛一把抓的人是"放饭(狼吞虎咽地吃饭,以致满地饭粒)流歠(大口大口地喝汤,以致汤水从口角流出。这两种都是比较严重的失礼行为),而问无齿决(用牙齿咬断干肉,这是一种比较轻微的失礼行为)",就是说大不敬的事你不管却去追究那些细枝末节,这是本末倒置。朱子认为,讲去人欲、存天理,也要先正一个"大体",即心中要辨明大是大非,要守住根本原则和道理。"大体"不正却只着眼于细节,那就犯了"放饭流歠而问无齿决"的错误了。

今人只为不见天理本原,而有汲汲以就功名之心,故其议论见识往往卑陋,多方迁就,下梢头只是成就一个私意,更有甚好事?(《文集》卷四六《答潘叔昌》)

朱子批评当时的一些政治家和学者在发表政见和评论历史时,没有见识或见识低下。他认为,这些人的毛病在"不见天理本原",就是说不知道什么是"天理",而只是迫不及待地追求功名利禄。这种人做事没有原则和担当,结果(下梢头)就是为了满足一己私利。他问:这样的人能做出什么好事吗?朱子是一个非常强调理性的思想家,他认为整个自然世界和人类社会都是在按照一定的规律运行的,这个规律就是天理。所以我们做什么都要遵循天理,如果自然世界违背了天理,就会有灾异;

如果人类社会违背了天理,就会有动乱;如果人违背了天理,就会做坏事而受到惩罚。朱子认为,所谓"天理",我们的先世圣贤都已经在他们写的书里讲得很清楚了,问题是我们读不读,读了以后实行不实行。所以他特别强调要读书学习和实践行动(道问学)。

天下之理,至虚之中,有至实者存;至无之中,有至有者存。夫理者,寓于至有之中,而不可以目击而指数也。然而举天下之事,莫不有理。且臣之事君,便有忠之理;子之事父,便有孝之理;目之视,便有明之理;耳之听,便有聪之理;貌之动,便有恭之理;言之发,便有忠之理。只是常常恁地省察,则理不难知也。(《语类》卷一三)

什么是理?朱子认为,理是虚的、空的,既看不到,也摸不着。虽然理在虚无之中,却又是实实在在地存在着的。举凡天下的任何事物,没有一个是没有理的。比如,臣子为君主效力,就有一个忠诚的理;儿女服侍父母,就有一个孝敬的理;眼睛看东西,就有一个看得明白的理;耳朵听东西,就有一个听得清楚的理;仪容要展示出来,就有一个敬慎不懈的理;语言要表达出来,就有一个诚实不欺的理。只要平时常常注意观察反省,就不难懂得理。朱子强调理,他认为天理无处不在,所以我们要时时处处循理,而不要违理。

人心自是不容去除，但要道心为主，即人心自不能夺，而亦莫非道心之所为矣。然此处极难照管，须臾间断，即人欲便行矣。（《文集》卷五六《答郑子上》）

在朱子的哲学中，与"天理"、"人欲"相配的还有一组概念："人心"、"道心"。朱子说："此心之灵，其觉于理者，道心也；其觉于欲者，人心也。"就是说，"人心"指人的本能的意识与欲望，"道心"指人经过学习、修养上升为理性的意识与欲望。朱子认为，人心是无法去除的，这是一个客观存在。但是人如果放任人心去控制自己的思想行为，那人就变成动物了，所以人要做到以道心为主宰。道心主宰了人的思想行为，那么人心再强大也不可能夺去你的理性与正确的思想言行。但是，朱子同时也指出，这件事说说容易，做起来很难，道心稍一松懈，人欲就会冒出来。

情之未发者，性也，是乃所谓中也，天下之大本也；性之已发者，情也，其皆中节，则所谓和也，天下之达道也。皆天理之自然也。妙性情之德者，心也，所以致中和，立大本，而行达道者也，天理之主宰也。（《文集》卷六七《太极说》）

人的情感（如喜怒哀乐）在没有表现出来的时候，这就是"性"。这时候人的心理状态是平和的，我们称之为"中"，这是天下万事万物的本然面貌。人的"性"如果表现出来了，这就是

"情"(人的情感)。如果你表达出来的情感都是合情合理、符合道义的(中节),这就叫"和",这是天下万事万物的光明大道。这些都是符合天理的自然的。奥妙在于,掌控人的性和情的德性的是心,它可以让我们达到中与和的状态,从而确立大本并踏上光明大道,所以,心是我们人性中天理的主宰。朱子在这里强调了"心"——人的理性、人的意识,思想和理性对人的情感调节、掌控起重要作用。心对性情掌控得好,就能做到中和或中节,否则你的情绪就会失控,做出不理智的事。

问进德之方。曰:"大率要修身穷理。若修身上未有工夫,亦无穷理处。"问修身如何。曰:"且先收放心。如心不在,无下手处。"(《语类》卷一一六)

心若不存,一身便无所主宰。(《语类》卷一二)

有学生问朱子修养德行的方法。朱子回答:"原则上说,就是要修身和穷理。如果不首先在修身上下功夫,那么也就无法去穷理了。"那么,又如何去修身呢?朱子说:"恐怕先要把你那颗被放纵了的心收回来。如果你的心不在了,那你就没有着手修身的可能了。"所以他又说:"如果心不在焉,就会六神无主,丢了方向,没了主张。"

父母爱其子,正也。爱之无穷,而必欲其如何,则邪矣。此

天理人欲之间，正当审决。（《文集》卷五五《答熊梦兆》）

有人问朱子，父母对自己的孩子，"有无穷怜爱，欲其聪明，欲其成立"，这是一种真诚的心态吗？朱子回答说：父母爱自己的孩子，这是正确的，是天理。但是如果"爱之无穷"——爱过了度，就变成了溺爱；对孩子期望太高，一定要自己的孩子如何如何，就变成了错爱。这样，爱就变成了"人欲"，就是"邪"——一种不正当的欲望了。

口鼻耳目四支之欲，虽人之所不能无，然多而不节，未有不失其本心者。学者所当深戒也。（《孟子集注》卷一四）

朱子说：人长了耳朵、眼睛、嘴巴、肢体，就会产生各种欲望，这当然是正常的、合理的，但是欲望多了又不加以节制，就会失去人的本心——人就变成动物了。这是我们要深以为戒的。

程子盖曰颜子之心，无少私欲，天理浑然，是以日用动静之间，从容自得，而无适不乐，不待以道为可乐然后乐也。（《论语或问》卷六）

颜子私欲克尽，故乐。（《语类》卷三一）

人之所以不乐者，有私意耳。克己之私，则乐矣。（《语类》卷三一）

程子云:"人能克己,则心广体胖,仰不愧,俯不怍,其乐可知。"(《语类》卷三一)

颜回究竟为什么而乐?这确实是个问题。程颐有一个叫鲜于侁的学生问,颜子所乐何事?程颐反问他,你说呢?鲜于侁说:"乐道而已。"就是说颜回是为"道"而乐。程颐回答说:"使颜子而乐道,不为颜子矣。"——如果颜回是为道而乐,那他就不是颜回了。鲜于侁听了一头雾水,就去问他的同学。他的同学听了以后说,一个人的思想竟能到达如此深刻的境界,我今天算是见到老师的真面貌了。同学的回答更是有点故弄玄虚,这简直变成一个无解的问题了。后来,朱子的学生问朱子,程子的回答究竟是什么意思?朱子直截了当地回答说,程子是说,颜回的心里已经没有了私欲,他已经做到了与天理浑然一体,所以能够在日常生活的方方面面、时时刻刻做到从容自得,而没有不乐的地方和时候,根本不需要等到道来了才乐。所以他又说:"颜子私欲克尽,故乐。"什么是私欲克尽?就是道已经融入他的人生,他已经和道化为一体了。有一次朱子问他的一个学生最近在读什么书。那个学生说,我这两天一直在"思量颜子乐处"。朱子听了,非常不高兴,说:"不用思量。他只是'博我以文,约我以礼'后,见得那天理分明,日用间义理纯熟后,不被那人欲来苦楚,自恁地快活。"朱子的意思是颜子之乐不是冥思苦想出来的,而是学习修养出来的:博我以文——广

五 天理人欲

求学问，通晓知识；约我以礼——恪守礼法，修炼身心。然后才能明晰天理，并运用在日常生活中，这样，人欲（私心）就没有办法来折腾你了，人也就快活了。又有学生问朱子，那么程子是不是认为求道、得道或道本身并不是一件乐事呢？朱子说，不能这么理解，道当然是乐的，只是鲜于侁说得不精确，所以程子要纠正他。还有学生问：程子还说过一句话："颜子所乐者仁而已。"那么是不是仁就是乐呢？仁和道有区别吗？朱子回答说："非是乐仁，惟仁故能乐尔。是他有这仁，日用间无些私意，故能乐也。"也就是说，并不是仁或道就是乐，而是唯有仁或道可以使人乐。

六 义利之辨

义者,天理之所宜;利者,人情之所欲。

六 义利之辨

义者,天理之所宜。利者,人情之所欲。(《论语集注》卷二)

仁义根于人心之固有,天理之公也。利心生于物我之相形,人欲之私也。循天理,则不求利而自无不利;徇人欲,则求利未得而害已随之。所谓毫厘之差,千里之缪。(《孟子集注》卷一)

朱子认为,所谓"义",就是符合自然规律和社会规则的东西和道理,也即天理。所谓"利",就是人诉求于自然、社会、他人的各种欲望,也即人欲。一事当前,如果我们能循着天理去做,那么,利之所归是自然的。反之,如果我们一味地追逐人欲,那么,利不但得不到,害却紧随而来了。在朱子看来,义和利是统一的,义里包含着利,利是义的必然结果。但是反过来,利却不一定都包含着义。所以,朱子并不是反对利,他只是强调,要以义来统御利,要通过正确的目的、途径、手段、方法(宜)去取得利。同时,朱子也不是禁欲主义者,他认为人的欲望是与生俱来的,合理的欲望也就是天理。只有欲望过了度,才是"人欲"。

世间喻于义者则为君子,喻于利者即是小人。而近年一种议论,乃欲周旋于二者之间,回互委曲,费尽心机,卒既不得为

君子,而其为小人亦不索性,亦可谓悮用其心矣。《《文集》卷二九《与杨子直书》》

这是朱子晚年给一位叫杨方的朋友写信时特意提出的一段话。在朱子的时代,功利主义哲学十分盛行,而有一些学者不但不坚持正确的义利之辨,反而想要调和二者,为功利主义寻找借口。所谓功利主义,就是只讲结果而不论动机和过程,只追求利益而不顾及道义。朱子和这种混同义利,甚至以利代义的理论进行了坚决的斗争,明确指出,孔子讲"君子喻于义,小人喻于利",正是把义利之别看作区分君子、小人的标准。朱子说,现在有人试图模糊义、利之间的界限,费尽了心机,最后既做不成君子,小人也做得偷偷摸摸,无疑是把心思用错了地方。

天下之事,利必有害,得必有失。《《文集》卷一三《垂拱奏札二》》

论事只当言其理之是非,不当计其事之利害。《《文集》卷七一《偶读漫记》》

作事若顾利害,其终未有不陷于害者。《《语类》卷一三》

世界上的事情,有一利必有一害,有所得必有所失。一事当前,不能只看到利害关系,而不顾是否合理、合法、合规。做事如果只考虑利害得失,其结果没有不陷于祸害的。

利是那义里面生出来底。凡事处得合宜,利便随之,所以云"利者义之和"。盖是义便兼得利。若只理会利,却是从中间半截做下去,遗了上面一截义底。小人只理会后面半截,君子从头来。(《语类》卷六八)

朱子认为,义和利是一件事的两端,义是头,利是尾。做事要从头来,有了好的开头才会有好的结尾。君子与小人的区别在于:君子是从头来,小人则只要后一半。

万物各得其分便是利。君得其为君,臣得其为臣,父得其为父,子得其为子,何利如之?这"利"字,即《易》所谓"利者义之和",利便是义之和处。(《语类》卷九六)

《易传·文言传》里有一句话说,利,就是义得到了应该的、合理的、正确的、恰到好处的安排。可见,义里边本来就包含着利。朱子在《论语或问》里引用胡寅的话:"然自利为之,则反致不夺不厌之害;自义为之,则蒙就义之利而远于利之害矣。"也就是说,你如果从利字着手,那就会招致抢不到手不满足所带来的祸端;如果从义字出发,那就会享有由义得利的好处而远离利的害处。所以朱子认为,得利,讲求的正是与义的统一(和),而万事万物,得到了应该的、合理的、正确的、恰到好处的(宜)就是得利。

六 义利之辨

圣贤做事,只说个"正其义不谋其利,明其道不计其功"。凡事只如此做,何尝先要安排纽捏,须要着些权变机械方唤做做事?又况自家一布衣,天下事那里便教自家做?知他临事做出时如何?却无故平日将此心去纽捏揣摩,先弄坏了。(《语类》卷七三)

"正其义不谋其利,明其道不计其功"是东汉大儒董仲舒的话。意思是说,做事情看重的是符合不符合道义,而不是看有没有利益;看清楚了符合正道就应该去做,而不要计较结果。朱子非常欣赏这句话,特地把它写在《白鹿洞书院揭示》中,指出这是"处事之要",就是人做事的准则、要点。他说,我们做事,不是该怎样做就怎样做吗?哪里先要苦心设计(安排)、编排拼凑(纽捏),还要搞点权术心眼(机械,即机心),才叫做事?何况我们都是普通老百姓,天下哪有那么多大事等着我们去做?我们做事的时候又哪里知道它的结果是什么呢?既然如此,我们却平白无故地去畏头畏尾、拈轻怕重,先就把事情弄坏了。朱子说,我们做事要光明正大,光明正大的事就是符合道义的事,就应该去做,如果干什么事都是先考虑做了有没有好处,那就会陷入功利主义的陷阱,结果反而一事无成。他认为,事情的"义"和"道"比结果重要,"利"和"功"是做正确之事自然的结果。

孔子所以"罕言利"者,盖不欲专以利为言,恐人只管去利上求也。(《语类》卷六八)

仁义固无不利矣,然以是为言,则人之为仁义也,不免有求利之心焉。一有求利之心,则利不可得而其害至矣。……且夫"利者义之和",固圣人之言矣,然或不明其意而妄为之说,顾有以为义无利而不和,故必以利济义,然后合于人情者,……失圣言之本旨,然亦可见利之难言矣。(《孟子或问》卷一)

有人问我,难道朱子不讲利吗?我们做生意的怎么可能不讲利呢?朱子说,孔子为什么很少讲利?不是他不要利,而是他反对只讲利。趋利避害是人的本能(不是本性),所以人容易偏向利,利如果不以义为导向,那么人的逐利之心就会膨胀,这是非常危险的。比如,《易传》说"利者义之和",有人就会理解成义不能离开利,义一定要有利才合乎人情,这就念歪了圣人的经典。所以,讲利字一定要谨慎,一定要摆正义和利辩证统一的关系。

人须先拽转了自己趋向始得。孔子曰:"苟志于仁矣,无恶也。"既志于义理,自是无恶;虽有未善处,只是过耳,非恶也。以此推之,不志于仁,则无善矣。盖志在于利欲,假有善事,亦偶然耳。盖其心志念念只在利欲上。世之志利欲与志理义之人自是不干事。志利欲者,便如趋夷狄禽兽之径;志理义者,便

是趋正路。(《语类》卷一二〇)

做人首先要做的一件事是先把自己的价值取向扭转到正确的方向上来。孔子说,如果有志于仁德,那么就不会生出罪恶。因为你的价值取向既然是道义和理性,自然不会作恶。虽然也可能有不够好的时候,但那是过失,而不是罪恶。以此类推,没有正确的价值取向,那肯定不会有善的行为。如果你的价值观就在于追逐利益和欲望,即使有时候有一些善的表现,那也只是一种偶然,因为你的心念念不忘的是利和欲。在这个世界上,追逐利欲的人和追求理义的人是毫不相干地走在两条道上的,永难交会。追逐利欲的人,就像是往野蛮人和禽兽的路上赶;而有志于理义的人,便是往正路上走。

力求所欲,则所欲者反不可得;能反其本,则所欲者不求而至。(《孟子集注》卷一)

如果为了某种欲求,你尽了很大的努力却不能如愿,那你就应该反思一下是否违背了事物应该遵循的规律。如果你能返回正确的轨道,那么,你想要的东西不求也会自己来到。

天下事那里被你算得尽?才计较利害,莫道三思,虽百思也只不济事。如今人须要计较到有利无害处,所以人欲只管炽,义理只管灭。横渠说:"圣人不教人避凶而趋吉,只教人以

正信胜之。"此可破世俗之论。（《语类》卷二九）

处理事情，不能只计较利害得失。有些人处事，算计来算计去，只想得利，不想承担一点风险。他就没有想过，天下的事情怎么可能被你算尽？这样算计的结果，是人的欲望被越烧越旺，而道义和正理的火焰却熄灭了。张载说"圣人不教人避凶而趋吉，只教人以正信胜之"，并不是说不要趋利避害，而是说以正道和诚信处事自然会得利而去害。

天下事不可顾利害。凡人做事多要趋利避害，不知才有利必有害，吾虽处得十分利，有害随在背后，不如且就理上求之。（《语类》卷八三）

世上的事情不能只讲利害关系。一般人做事大多会趋利避害，可他们不知道，只要有利必定就有害。我虽然处在十分有利的地位，而害也紧随其后了。正确的做法还是按照道理、规律来做事。

守身，持守其身，使不陷于不义也。一失其身，则亏体辱亲，虽日用三牲之养，亦不足以为孝矣。（《孟子集注》卷七）

孟子认为，人生中一定要做好一件"事"和"守"住一样东西。这件事，就是服侍和孝敬父母；守住的东西，就是自己的身。朱子解释说，所谓"守身"，就是要爱惜羽毛，保持节操，不陷入到不义的事情中去。人一旦失了身,既亏负了自己的身体和名节,更辱没了自己的父母。而一旦辱没了父母,你即使每天用最高的礼遇、最好的饮食去伺侍他们,也不足以尽你的孝道了。

常人之情,小有一善,则自视哆然若有余,而其责报也,欲然常若有所不足。所以善日消而恶日长,卒以陷溺于利欲之横流而不自知也。(《文集》卷八四《跋陈大夫诗》)

有些人稍微做了一点好事,就觉得自己已经付出很多了,而要求回报,又总觉得不够。有这种心态的人,他身上的善心会一天天消减,而恶念会一天天增长,最终把自己陷入利欲横流而不自知自觉的境地。

凡是名利之地,自家退以待之,便自安稳。才要,只管向前,便危险,事势定是如此。(《语类》卷一三八)

名利之地一定是是非之地、危险之地,退而止之,可保安全。如果一定要去争去抢,必定面临危险。朱子告诉我们,事物发展的规律和趋势就是这样的。

古之圣贤以"枉尺直寻"为大病,今日议论乃以"枉尺直寻"为根本。(《文集》卷五四《答路德章》)

大德、小德犹言大节、小节。大节既定,小节有差亦所不免。然吴氏谓此章不能无弊,学者正不可以此自恕。一以小差为无害,则于大节必将有枉寻而直尺者矣。(《语类》卷四九)

"枉尺而直寻",枉,弯曲;直,伸直。寻,八尺。意思是说,为了伸直八尺,可以弯曲一尺。比喻为了大利益,牺牲小利益。这是《孟子·滕文公下》里的话。孟子的学生陈代问,为了达到称王称霸的目的,是不是可以不讲究小节?孟子严厉批评了这一说法,他说,所谓"枉尺而直寻",无非是在讲利,如果为了利,可以"枉尺而直寻",那么是不是也可以"枉寻而直尺"呢?也就是说为了利可以牺牲小利益,那么同样道理,为了利也可以牺牲大利益而获取小利益。这显然是不可取的。所以朱子说,古代的圣贤以"枉尺直寻"为"大病",可是现在的人却以"枉尺直寻"为"根本",这是非常可悲的。由此,朱子又联系到《论语·子张》里子夏说的一句话:"大德不踰闲,小德出入可也。"意思是,人只要大节(大德)不逾越界限(踰闲),小节(小德)有点出入也是可以的。朱子在注释子夏的这句话时,特意引用了吴棫《论语续解》的一句话:"此章之言,不能无弊,学者详之。"就是说,子夏的话是有问题的,我们要注意。所以朱子说,我们读这句话,决不能以此而对自己有所放松。一旦放过、原谅小的错误,那么必将导致"枉寻而直尺"——为了自己的一己小利而不顾大局、大体。朱子批评子夏,说他这样教人太不应该了(甚不可耳)。他说,孔子也劝导子夏要做君子,不要做小人(汝为君子儒,无为小人儒),又在子夏出任莒父主官时提醒他不要一味求快,不要只看到小利(无欲速,无见小利)。

> 风俗不好,直道而行便有窒碍。然在吾人分上,只论得一个是与不是,此外利害得丧有所不足言也。《文集》卷四六《答朱鲁叔》

在社会风气普遍不好的大环境下,如果还是秉持确当、正直的理念待人处事,一定会受到阻碍,处处得咎。但是对我们每个人的本分来说,还是应该坚守是与非、正确与错误的界限,除此之外,什么利害,什么得失,都是不足挂齿的。

七 为人处事

人贵剖判,心下令其分明,善理明之,恶念去之。若义利,若善恶,若是非,毋使混殽不别于其心。譬如处一家之事,取善舍恶;又如处一国之事,取得舍失;处天下之事,进贤退不肖。蓄疑而不决者,其终不成。

七　为人处事

学者须要有廉隅墙壁,便可担负得大事去。(《语类》卷一三)

人须是有廉耻。孟子曰:"耻之于人大矣!"耻便是羞恶之心。人有耻,则能有所不为。今有一样人,不能安贫,其气销屈,以致立脚不住,不知廉耻,亦何所不至?(《语类》卷一三)

廉、隅都是指棱角,比喻人方正、刚直。墙壁,比喻明确界限并能够担当。廉耻,就是有羞恶之心。朱子认为,一个人必须要有这些品行和操守,才能担当得起大任。一个人只有具备羞恶之心,他才有底线,才会懂得哪些事情是不能做的。他说,有一些人不能安于贫困,把自己的正气都销蚀殆尽,结果就站不稳立场,犯了错误。一个人,如果不知廉耻,他还有什么事情不敢做的呢?

弘,宽广也。毅,强忍也。非弘不能胜其重,非毅无以致其远。(《论语集注》卷四)

曾子说:"士不可以不弘毅,任重而道远。"朱子解释说,弘,就是宽宏、广大的胸怀;毅,就是刚强、坚韧的意志。没有宽宏、广大的胸怀,就不可能承担重任;没有刚强、坚韧的意志,就不可能坚持到底。

孟子谓"舍生取义",又云"志士不忘在沟壑,勇士不忘丧其元"。学者须是于此处见得定,临利害时,便将自家斩剉了,也须壁立万仞始得。而今人有小利害,便生计较,说道恁地死非正命,如何得?《语类》卷五八

孟子说:"生,亦我所欲也;义,亦我所欲也,二者不可得兼,舍身而取义也。"这是说,当生命和道义发生冲突,必须二选一的时候,正确的抉择是"舍生取义"。孟子又说:"志士不忘在沟壑,勇士不忘丧其元。"这是说,仁人志士为了道义,就是死无葬身之地也在所不惜;勇敢的战士为了战斗的胜利,就是丢了自己的头颅(元)也在所不辞。朱子说,读书人就应该在这些地方把握得住自己。面临大是大非,面临生死考验,就是把自己斩杀碎尸(斩剉),也要做到像高耸入云的大山那样傲然屹立,毫不动摇。可是现在有些人为了一点小小的利害,就斤斤计较,这些人怎么可能为了正义而献出生命呢?

盖观人不于其所勉,而于其所忽,然后可以见其所安之实也。《孟子集注》卷一四

孟子说:"好名之人,能让千乘之国;苟非其人,箪食豆羹见于色。"朱子解释说,那些喜好名声的人,掩饰真情以博求美誉(矫情干誉),所以能把千乘大国都让给别人。但是如果他并不是一个真正能看轻荣华富贵的人,那么,就是一篮米饭,一碗豆

羹,他也会表露在脸上。所以朱子说,观察一个人,不能看他努力想做的事情,而要看他所忽略的事情,这样才能看到一个真实的他。

圆而不方则谲诈,方而不圆则执而不通。志不大则卑陋,心不小则狂妄。(《语类》卷九五)

唐代的医圣孙思邈说过这样一句话:"胆欲大而心欲小,智欲圆而行欲方。"宋代理学的创始人二程兄弟非常喜欢这句话。后来朱子、吕祖谦把这句话编入了《近思录》。有一次学生问朱子,如何理解这句话。朱子回答他说:"圆"是讲要善于通融和随机应变,但这决不意味着放弃原则,原则就是"方"。而放弃了原则的"圆",就是圆滑和诡诈了。反过来,如果只知道原则(方)而不知道通融和变化(圆),那就会固执、僵化而不通达。一个人如果没有远大的志向,就会变得卑微和庸俗;而如果心志大而无当,就会导致狂妄。

事至于过当,便是伪。(《语类》卷一三)

什么是虚伪?把事情做过头,就是虚伪。把话讲过头是说谎,把好话讲过头是奉承;把事情做过头是作秀,把好事做过头是欺妄。

事有不当耐者,岂可全学耐事?(《语类》卷一三)

学耐事,其弊至于苟贱不廉。(《语类》卷一三)

耻,有当忍者,有不当忍者。(《语类》卷一三)

所谓"耐事",就是容忍、迁就、退让。一般来说,这些当然是好的品行。但是朱子认为,并不是所有的事都应该"耐",遇到大是大非、原则问题,就不能"耐事"。所以他说,如果一味地不分是非地学"耐事",就会使人变得卑鄙下贱,没有骨气。他说,对待羞耻也是一样,人受到羞辱,有时候应该忍让,有时则不能。什么时候该忍,什么时候不该忍?这就有一个是非原则在里面。

贫贱不能如愿,此固分也。富贵之极,可以无所不为,然亦有限制裁节,又当安之于理。(《语类》卷六一)

人在贫贱时,事事都不能如愿,这是命定的。人如果富贵到了极致,可以任性到没有办不成的事。但是,决不能没有限制和约束,还是得按照道理、规矩(天理)来行事。

人之所以易其言者,以其不知空言无实之可耻也。若耻,则自是力于行,而言之出也不敢易矣。这个只在耻上。(《语类》卷二七)

《论语·里仁》记述了孔子的一段话:"古者言之不出,耻躬之不逮也。"意思是说古人不轻易讲话,因为讲了话就一定要做到,讲了话却做不到是一件可耻的事情。朱子在解释这段话时说:"言古者,以见今之不然。"就是说,现在的人已经不这样要求自己了。又说:"逮,及也。行不及言,可耻之甚。"就是说,逮的意思就是及,即达到、做到。讲一套,做一套,或者讲过的话却做不到,这是最可耻的。朱子说的"易其言","易"是轻易之易,就是随便讲话,不负责任,也即"空言"。朱子认为犯这种错误的原因就在于"不知耻"。如果人懂得什么是羞耻,他就不会讲空话,而努力去兑现(力行)自己的话语了。

未有忠而不信,未有信而不忠者。"尽己之谓忠,以实之谓信。"(《语类》卷二一)

忠和信是一个事物的两面。忠,就是"尽己",也即竭尽自己之所思、所有、所能而不留馀地。信,就是"以实",也即把忠用在实际的行动中。一个是发自于内心,一个是体现在行动。所以,从来就不会有尽忠而不讲信用的人,也不会有守信用却不尽忠的人。

会做事底人,必先度事势,有必可做之理,方去做。不能,则谨守常法。(《语类》卷一〇八)

善于处理事务的人,一定是先审时度势,看到此事必须做、可以做,才去做。如果时势不允许,那就只能谨守常规。

"有言逆于心,必求诸道;有言孙于志,必求诸非道",这如何会不治?《语类》卷一〇八）

有些话如果和自己的意志、想法不一致,一定要想一想这些话是不是符合道理;有些话如果非常符合自己的意志,一定要问一问这些话是不是有什么错误的地方。

存祗惧之心以畏天,扩宽宏之度以尽下;不敢自是而欲人必己同,不徇偏见而谓众无足取;不甘受佞人而外敬正士,不狃于近利而昧于远猷。《文集》卷三七《与刘共父》)

心怀庄重和谨慎而对上天充满敬畏,扩展自己宽容宏大的胸怀以包容所有身份低于你的人;不自以为是而要求别人一定要认同你的观点,不盲从自己的偏见而认为别人一无是处;不沉迷于阿谀奉承而敬重正直的知识分子,不为眼前的利益所纠结而看不到远大的谋略。

学者所志固当大,至于论事,则当视己之所处与所论之事、所告之人而为浅深,则无失言失人之患、出位旷官之责矣。吾学若果未至,见若果未明,既未能自信,且不为人所信,则宁退而自求耳。言而背其所学,用而不副其言,皆不可也。《文集》卷

三五《答刘子澄》

学者当然应该有大的志向,但落实到具体的事情上,则应当考虑到自己所处的环境与所要讨论、处理的具体事情及所面对的人,然后再做出或浅或深的决定、意见。这样才不会讲错话、做错事,或者承担越位、不作为的责任。我的知识、能力如果还没有达到解决这个问题的水平,我的见解如果不明确,既不能自信,也不能说服别人,那就宁可退回来好好学习研究。说的话违背自己所学的道理,做的事不符合自己的言论,都是不应该的。

处己接物,内外无二道也,得于己而失于物者无之。故凡失于物者,皆未得于己者也。然得谓得此理,失谓失此理,非世俗所谓得失也。若世俗所谓得失者,则非君子所当论矣。(《文集》卷四一《答程允夫》)

人如何要求自己、怎样对待别人和世事,一个是对内,一个是对外,但道理是一样的。自己立身做好了,那么处世也一定不会有错。所以,凡是处世有问题的人,一定是自己做人没有做好。这里所谓的"得"、"失",是指"理","得"就是得理,"失"就是失理。不能把它和世俗的所谓"得失"混同起来。世俗讲"得失",乃是讲利益,这不应该成为君子议论的内容。

天下事,须论一个是不是,后却又论其中节与不中节。(《语类》卷一三二)

处理任何事情,当然先要判断它的是非、对错,但也还要考虑到是不是恰到好处,不要过头,也不要不够。

人心不可狭小,其待人接物,胸中不可先分厚薄,有所别异,曰:"惟君子为能'通天下之志',放令规模宽阔,使人人各得尽其情,多少快活!"(《语类》卷一三)

人的心胸要开阔宏大,表现在待人接物上,如果在意分彼此、讲厚薄,则是心胸狭窄的表现。要像君子那样胸怀天下,容得下天下之人、天下之事,这样,你人生的格局才会宽阔。试想,如果让人人都能发挥自己的才情,那是一件多么快活的事情!

于天下之事有可否,则断以公道,而勿牵于内顾偏听之私;于天下之议有从违,则开以诚心,而勿误以阳开阴阖之计,则庶乎德业盛大,表里光明,中外远迩心悦诚服。(《文集》卷二九《与留丞相书》)

处理各种事情,肯定还是否定,要以公正为判断的标准,不能有照顾亲友、偏听偏信的私心;面对各种议论,听从还是反对,要开诚布公,不能耍阳奉阴违的诡计。这样你就能增进自己的德行与功业,光明磊落,不论中外远近的人都对你心悦诚服。

人贵剖判,心下令其分明,善理明之,恶念去之。若义利,若善恶,若是非,毋使混殽不别于其心。譬如处一家之事,取善舍恶;又如处一国之事,取得舍失;处天下之事,进贤退不肖。蓄疑而不决者,其终不成。(《语类》卷一三)

人之可贵在于能够分析和判断,使自己的心里明明白白,好的事理就发扬它,坏的念头就去除它。什么是义和利,什么是善和恶,什么是是和非,心里一定要清楚,不能让它们混杂错乱而难以分辨。譬如处理一家之事,就应该选择良善,摒弃邪恶;又譬如处理一地之事,就应该兴利除弊,扬善隐恶;处理一国之事,就应该任用贤良,拒斥庸劣。心中疑惑不清、难以决断的人,是不可能成就事业的。

人只习得那文饬处时,自是易忘了那朴实头处,如"巧言令色鲜矣仁"之类。(《语类》卷二五)

巧言令色,求以悦人,则失其本心之德矣,不待利己害人然后为不仁也。(《文集》卷四五《答虞士朋》)

孔子说:"巧言令色,鲜矣仁!"——言辞动听,面目和善,只是致力于做表面工作以讨人喜欢。这样的人就是在尽情地发挥人欲,而把自己本心中善的德性给丢了。——这是朱子的解释。朱子说,一个人如果只是学会了"文饰"——做表面文章,伪装自己,那就容易忘记朴实的美德,最后变成了孔子批评的"巧言令色"之徒。用"巧言令色"的方法取悦别人,也就失去了人的善的本心,这也是不仁,并不一定要利己害人才算是不仁。

大抵人当有以自乐,则用行舍藏之间,随所遇以安之。和静先生云:"如霁则行,如潦则休。"此言有味也。(《文集》卷三九《答魏元履》)

孔子夸奖他的学生颜回,说他吃的是粗茶淡饭,住的是陋室寒屋,可是却"不改其乐"。所以孔子给颜回点了一个大大的赞,说:"贤哉,回也!"朱子解释说:"颜子之贫如此,而处之泰然,不以害其乐,故夫子再言'贤哉,回也'以深叹美之。"那么,为什么颜回能不改其乐呢?朱子引用程颐的话说,颜子不是因为艰苦的生活而快乐,而是没有因为生活的艰难而改变自己内心所坚守的快乐。于是,这又引出了一个更深的问题:什么是颜回所坚守的快乐呢?程颐说,粗茶淡饭和陋室寒屋肯定没有可乐之处,"盖自有其乐尔。其字当玩味,自有深意"。朱子说,程颐在这里卖了个关子:"引而不发"——要你自己去思考、琢磨。从此,颜回之乐,就成了中国哲学史上一个被反复讨论的课题。朱子说"大抵人当有以自乐",是给我们换了一个思路来看这个问题,他抛开颜子之乐的具体内容不谈,而是强调,一个人总应该有一处自我愉悦的精神港湾,这样他才能做到像孔子所说的"我被任用了,就施展才干;不被任用,就退隐民间"(用之则行,舍之则藏),表现得自如洒脱。北宋有一位叫尹焞的学者说:"天晴了就出门,下雨了就在家休息。"这句话的意思真是值得玩味。朱子为什么欣赏这句话呢?原来这句话就是孔子强调的另一种精神——不主观(毋意)、不武断(毋必)、不固执(毋固)、不自我(毋我),也就是随遇而安。

心有喜、怒、忧、乐则不得其正,非谓全欲无此,此乃情之所不能无。但发而中节,则是;发不中节,则有偏而不得其正矣。(《语类》卷一六)

好、乐、忧、惧四者,人之所不能无也,但要所好、所乐皆中理。合当喜,不得不喜;合当怒,不得不怒。(《语类》卷一六)

四者人所不能无也,但不可为所动。若顺应将去,何"不得其正"之有?如颜子"不迁怒",可怒在物,颜子未尝为血气所动而移于人也,则岂怒而心有不正哉?(《语类》卷一六)

人心如果被喜、怒、哀、乐所左右,那么人的正确的情绪、情感、理智就会失控。这并不是说人不可以有这些感情,这些感情是人所不能没有的。关键是,当这些感情发生的时候,是不是符合节度,不走偏(中节)。"中节"了,就是正确的;不"中节",

就是偏差的,就失去正确、平常的心态(不得其正)了。

好、乐、忧、惧这四种情感,是人所不能没有的。但是,要做到所好、所乐都符合理。该高兴的,就高兴;该发怒的,不能不怒。

喜、怒、哀、乐这四样东西,是人所不能没有的。但是人不能被这四样东西牵着鼻子走。如果能做到不为所动,那怎么可能"不得其正"呢?比如颜渊讲"不迁怒",他是怒在物上、事上,他从来没有被自己的血气所动而把怒气迁移到别人身上。这样的怒,怎么可能"心有不正"呢?

人事即天命也。人事不尽,则祸患乃其自取,而天命不立矣。故尽人事者,是乃所以顺夫天命而谨守之,此知命所以不立乎岩墙之下也。(《孟子或问》卷九)

"人事",指人应该做的事,人力所能及的事。"天命",指人的命运。朱子认为,人事与天命是统一的,人如果不尽人事(做你该做的、能做的事),那么就是自取祸患,也就谈不上天命了。所以,尽人事就是顺从天命而守住你的命。孟子说:"知命者,不立乎岩墙之下。"就是说,知道自己命运的人,不会站在将要倒塌的墙下面。"知命者",是天命;"不立乎岩墙之下",是人事。你不能说你知道自己的命运,所以就站在危墙之下。万一墙倒了,不照样压死你? 这就是没有尽人事。所以,朱子指出

"人事尽处便是命"。但是,人尽了人事,还是改变不了命运,怎么办呢？程颐说,有些人"遇一事,则心念念不肯舍,毕竟何益？若不会处置了放下,便是无义无命也"。就是说尽人事是必须的,尽人事以后,就要泰然听命了。如果不知道听命,心里总是放不下,那就是"无义无命",也即既不在理,也不在命了。所以,朱子又说,尽人事要合乎理。人之所以命不顺,恐怕正是因为你在尽人事的时候没有合乎道义。他说:"处置者（尽人事）,合乎义也；放下者,顺受乎命也。"

古人上下之分虽严,然待臣仆如子弟,待子弟如臣仆：伯玉之使,孔子与之坐。陶渊明篮舆,用其子与门人。子路之负米,子贡之埋马,夫子之钓弋,有若之三踊于鲁大夫之庭,冉有用干却齐以入其军,而樊须虽少,能用命也。古之人执干戈卫社稷、躬耕稼与陶渔之事皆是也。后世骄侈日甚,反以臣子之职为耻。此风日变,不可复也。士君子知此,为学者言之,以渐率其子弟,庶几可少变乎？（《语类》卷一三）

古人虽然对于辈分的大小和职位的高低（上下）有严格的区分,但是,他们对待下属和仆人就像对待自己的子弟,而对待自己的子弟就像对待下属和仆人。孔子的朋友蘧伯玉派了一个手下的人来看望孔子,孔子请他坐并与之交谈。陶渊明腿脚不便而乘坐轿子,用自己的儿子和学生做挑夫。子路自己吃野菜,却千里迢迢背米给母亲吃。孔子的狗死了,叮嘱子贡要用东西把它包起来埋葬。孔子钓鱼从来不用网(以避免伤害小鱼),射鸟从来不射归巢之鸟(归鸟要回家喂小鸟)。孔子的学生有若虽然是一个书生,但为了保卫国家,积极参与敢死队的选拔并作战;学生冉求也是文人,但为了打败齐国的侵略,手持盾牌冲入敌阵;学生樊须虽然年纪很小,也勇敢地冲锋陷阵。古人或者拿起武器保卫国家,或者务农种地、捕鱼打猎、制作陶器,都是在为国家效力,没有高低贵贱之分。但是后来骄傲奢侈的风气一天比一天厉害,反而把做臣子、卫国家当作耻辱了。风气这样变坏,要改变恐怕很难。我们有知识、有文化的人,如果懂得这一点,一方面要大力宣传,一方面要以身作则,带领自己的子弟学生来体味、践行,也许还有可能改变。

德谓:见善必行,闻过必改;能治其身,能治其家;能事父兄,能教子弟;能御童仆,能肃政教;能事长上,能睦亲故;能择交游,能守廉介;能广施惠,能受寄托,能救患难;能道人为善,能规人过失;能为人谋事,能为众集事;能解斗争,能决是非;能兴利除害,能居官举职。(《文集》卷七四《增损吕氏乡约》)

朱子认为,一个有德之人应该具备如下的表现:看到好事,一定会去行动,知道自己有缺失,一定会去改正。能管好自己,也能管好自己的家庭。能服侍好父母兄长,能教育好子女弟妹。能管好雇工,能处理好行政事务,能教育好员工。能服务好上级长辈,能和睦亲戚朋友。能选择益友,能奉守廉洁、正直。能广施爱心,能不辜负别人的托付,能救助患难。能引人向善,能规劝别人的过错。能为人谋划事情,能为大家服务。能调解纷争,能判断是非。能兴利除害,能做恪尽职守的官员。

八 为官

守官只要律己公廉,执事勤谨,昼夜孜孜,如临渊谷,便自无他患害。才是有所依倚,便使人怠惰放纵,不知不觉错做了事也。

八　为官

守官只要律己公廉，执事勤谨，昼夜孜孜，如临渊谷，便自无他患害。才是有所依倚，便使人怠惰放纵，不知不觉错做了事也。(《文集》卷六四《答吴尉》)

做官的人，想要保住自己的官位，就一定要做到严于律己、公正廉洁，工作勤奋严谨，白天黑夜都不懈怠，谨慎小心就像站在深渊和悬崖边一样，这样自然就不会有什么祸害。如果自以为有了某种依靠（如有了靠山、取得了成绩），就会使人变得懈怠、懒惰、放纵，不知不觉就会犯错误。

仕宦只是廉勤自守，进退迟速自有时节，切不可起妄念也。(《文集》卷六四《答吴尉》)

做官就是要廉洁、勤勉，坚守自己的节操。升迁的快慢，是有恰当的时机和条件的，切不可有非分之想，搞歪门邪道。

当官廉谨，是吾辈本分事，不待多说。然细微处亦须照管，不可忽略，因循怠惰。……自治既不苟，更能事上以礼，接物以诚，临民以宽，御吏以法，而簿书期会之间亦无所不用其敬焉，则庶乎其少过矣。暇日勿废温习，少饮酒，择交游。(《文集》卷三

九《答范伯崇》

朱子给他的一个姓范的学生写信,这个学生在县里当一个主簿(秘书长、办公室主任)之类的小官。这个学生官当得很好,但他看不惯官场的坏风气,曾写信对朱子说,现在的官场一片黑暗,"通身是病",简直到了不可救药的地步。朱子与他讨论为官之道,认为:廉洁、认真是当官的人的本分。但并不是说廉洁、认真就可以做好官了,还必须注意细节,照管好小事,而不能懒散怠慢。对自己要严格,对上级要以规则、规范(礼)相待,待人处事要真诚,对老百姓要宽容,对手下的工作人员要以法律来约束,处理文件、会议等要专注认真。这样才可以避免犯错误。有意思的是,朱子讲完了这些要点后还不忘记提醒:要少饮酒,要谨慎交友。

当官勿避事,亦勿侵事。(《语类》卷一三)

当官不能不作为,但也不能去管那些不该管的事。

平易近民,为政之本。(《语类》卷一〇八)

平易,就是不摆官架子,就是不居高临下,就是把自己看成是老百姓中的一员;近民,就是深入群众,就是亲身体贴老百姓的疾苦,了解老百姓的需求。这是治理国家、地方,乃至治理一个单位、一个部门的根本。

盖闻古之君子居大臣之位者,其于天下之事知之不惑,任之有余,则汲汲乎及其时而勇为之。知有所未明,力有所不足,则咨访讲求以进其知,扳援汲引以求其助,如救火追亡,尤不敢以少缓。上不敢愚其君,以为不足与言仁义;下不敢鄙其民,以为不足以兴教化;中不敢薄其士大夫,以为不足共成事功。(《文集》卷二四《贺陈丞相书》)

南宋乾道四年(1168),朱子的朋友陈俊卿被任命为宰相。陈俊卿是个颇有志向的人,可是当了宰相以后,看到朝政混乱,产生了畏难情绪而无所作为。朱子写了一封贺信,对他进行了严厉的批评,同时谈了自己的为官之道。他说:做官的人,如果自己对于所掌管的事物,了解得非常清楚,自己的能力又绰绰有余,那么,他就应该雷厉风行,抓紧时机,勇敢地去推行;如果自己的认识不够,能力又有限,那就应该调查研究、虚心求教以增进自己的认识,同时努力去延请和吸引有能力的人来帮助自己,就像救火和追赶逃亡的人一样,一点也不敢懈怠。对上,不敢欺瞒领导,以为不足以与他谈论仁义之道;对下,不敢鄙视老百姓,以为不足以教化他们;对中,不敢轻视自己的同事们,以为不足以和他们一起成就事业和功名。

一日立乎其位,则一日业乎其官;一日不得乎其官,则不敢一日立乎其位。有所爱而不肯为者,私也;有所畏而不敢为者,亦私也。屹然中立,无一毫私情之累,而惟知为其职之所当为者。夫如是,是以志足以行其道,道足以济时,而于大臣之责可以无愧。(《文集》卷二四《贺陈丞相书》)

朱子在写给陈俊卿的信中还写了这样一段话:做官的人只要一天在位,就应该尽好一天的责任;一旦离开了这个位子,就不应该再去干预任何事情。如果你心中有认为正确的事情却又不能去实行,这是私心;如果有些事情是应该做的却因各种原因而不敢去做,这也是私心。当官的人,就应该坚定地守住中正的立场,不为一丝一毫的私情所挂累,而只知道恪尽自己的职责,做应该做的事情。如果能这样,那么你的志向和抱负就可以实现,也就可以对国家、社会作出贡献了。也只有这样,你才无愧于一个大臣的职责了。

古之君子量而后入,不入而后量。(《文集》卷二四《答汪尚书书》)

朱子一生以讲学、著述为人生的最大乐趣,并不追求功名利禄。他认为自己的性格不适合当官,他的政治主张也与当时的统治者格格不入,所以,他一而再,再而三地辞谢朝廷对他的各种任命。在他四十岁的时候,当时的宰相又一次荐举他出任枢密院编修官。朱子给宰相写了一封辞退信,在信里他提出了一个如何对待出仕当官的原则:"量而后入。"就是说,一个人当机会来临的时候,首先要对自己有个清醒、客观的评估:能不能胜任这个职务？如果自己的能力可以胜任，那就可以一展宏图，为民造福。如果自己的能力不够，却为做官而做官，最后要么是疲于奔命，要么是尸位素餐，于己于公都没有好处。

今士大夫或徒步至三公，然一日得志，则高台深池，撞钟舞女，所以自乐其身者唯恐日之不足。虽廪有馀粟，府有馀钱，能毋为州里灾害则足矣，固未暇以及人也。（《文集》卷八〇《玉山刘氏义学记》）

朱子当年在南康军（今江西省星子县）做知县，邻县德安的县长叫刘允迪，是江西玉山人，此人出身贫寒，为官清廉。有一年德安闹饥荒，刘允迪打报告给州府要求减免老百姓的税负，但被驳回。老百姓见状纷纷逃难。刘允迪派人把逃荒的老百姓追回来，对他们说，如果我不能说服州里免除你们的税负，我宁可不当这个官，决不能让你们去逃难做异乡鬼。朱子听说了他的故事，很是感动。后来刘允迪任期满了以后在家待命，就拿出自家的房产和积蓄办了一个义学，免费招收乡里的孩子们读书。那一年朱子有事路过玉山，去看望刘允迪，为他的义举所感动，为他写了一篇《玉山刘氏义学记》。朱子在文章中说：现在有些人因为各种机缘从一个平民百姓爬上了很高的位子（如当下的所谓"凤凰男"、"凤凰女"），一旦得志以后就忘乎所以，盖豪宅，出入舞厅会所，拼命地取乐享受，唯恐日子过得太快。这些人做官,虽然仓库里有馀粮,账上有馀钱,但是他们能够不做为害老百姓的事就已经很不错了,哪里还想到为百姓谋福祉呢?他以刘允迪做对比说,刘做的是一个小官,家里仅够温饱,却能为百姓谋利益。他说,我们读书做官不是为了升官发财,而是为了"明理以修身,使其推之可以及天下国家而已"。

今世士大夫惟以苟且逐旋挨去为事,挨得过时且过。上下相咻以勿生事,不要十分分明理会事,且恁鹘突。才理会得分明,便做官不得。有人少负能声,及少经挫抑,却悔其大惺惺了了。一切刓方为圆,且恁随俗苟且,自道是年高见识长进。(《语类》卷一〇八)

现在那些读书做官的人,以马虎敷衍(苟且)、慢慢拖延(逐旋挨去)为能事,拖得过的事就拖。上下之间,客客气气以求不生事端,根本不讲是非原则,让它糊糊涂涂(鹘突)。只要你认真论理,你的官位恐怕就不保了。有些人,年轻时有能干的名声,等到稍稍碰到一些挫折,就后悔自己太清楚、认真了。把一切棱角都切圆了,姑且听任随大流,马虎敷衍,还说自己是年纪大了,见识也长进了。

当官者,大小上下,以不见吏民、不治事为得策,曲直在前,只不理会。庶几民自不来,以此为止讼之道。民有冤抑,无处伸诉,只得忍遏。便有讼者,半年周岁不见消息,不得予决,民亦只得休和,居官者遂以为无讼之可听。风俗如此,可畏,可畏!(《语类》卷一〇八)

当官的人,无论是大官小官、上级下级,都以不见办事人员和老百姓为最得意的为官之策,是非曲直摆在面前,也不会去管它。希望老百姓都不来找自己,用这种办法来达到减少诉讼的目的。老百姓有了冤屈,无处伸诉,只能忍着、压着。就是得到伸诉的机会,一年半载不见消息,得不到裁决,老百姓也只能把事情搁置下来,而当官的却借口说我们这里和谐平安,没有要诉讼的事情要处理。风俗变成这样,真是可怕啊!

大人之心,通达万变。赤子之心,则纯一无伪而已。然大人之所以为大人,正以其不为物诱,而有以全其纯一无伪之本然。是以扩而充之,则无所不知,无所不能,而极其大也。(《孟子集注》卷八)

孟子说:"大人者,不失其赤子之心者也。"什么是大人呢?朱子说:"大人者,大德之人,正己而物正者也。"朱子认为,大人之心是通达万变的,赤子之心是纯一无伪的。大人之所以能成为大人,正是因为他能够不受外物的诱惑,能够保全他纯一无伪的本然之心。把这样的本然之心扩大、充实,就可以无所不知,无所不能,而使大人之大达到极致。

九 治国

天无私覆,地无私载,日月无私照,故王者奉三无私以劳于天下,则兼临博爱,廓然大公,而天下之人莫不心悦而诚服。

九 治国

古圣贤之言治,必以仁义为先,而不以功利为急。(《文集》卷七五《送张仲隆序》)

治理国家,到底是以仁义为先,还是以功利为急,这是个大问题。什么是仁义呢?仁义就是施行仁政和树立正确的价值观。朱子认为,这应该是首先要解决的问题。以功利为先,会把国家引入歧途。

盖民之与财,孰轻孰重?身之与国,孰大孰小?财散犹可复聚,民心一失,则不可以复收。身危犹可复安,国势一倾,则不可以复正。至于民散国危而措身无所,则其所聚有不为大盗积者耶?(《文集》卷二六《上宰相书》)

人民与财产,哪一个轻哪一个重?自己与国家,哪一个大哪一个小?财产散失了,还可以重新积累,民心丧失了,就无法收复了。身处危险之地,可能重获安全,国家的形势一旦崩坏,就不可能恢复了。到了老百姓弃你而去、国家被颠覆而自己没有安身之地的时候,你辛辛苦苦聚积起来的财富,不正是为那些盗贼而积累的吗?

财者,人之所好,自是不可独占,须推与民共之。未论为天下,且以作一县言之:若宽其赋敛,无征诛之扰,民便欢喜爱戴;若赋敛稍急,又有科敷之扰,民便生怨,决然如此。(《语类》卷一六)

宁过于予民,不可过于取民。且如居一乡,若屑屑与民争利,便是伤廉。若饶润人些子,不害其为厚。(《语类》卷一六)

财富是人人都喜好的,当然是不可以独占的,应该与民共享。且不说如何治理国家,就以一个县为例:如果能够宽待老百姓的田赋和税收,人民就会喜欢、爱戴你;如果加重田赋和税收,又以征发徭役、摊派财物骚扰百姓,人民就会产生怨恨。这是毫无疑问的。

宁可给与老百姓多一点,也不可过分地向他们攫取。比如住在一个乡里,如果为了一点鸡毛蒜皮的事情与民争利,这就损害了自己的清廉。如果能够多多地施惠与帮助别人,这就不会妨碍你的厚道与仁爱之心了。

昔者圣王作民君师,设官分职,以长以治,而其教民之目则曰:父子有亲,君臣有义,夫妇有别,长幼有序,朋友有信,五者而已。(《文集》卷七九《琼州学记》)

中国人相当早即从野蛮进入文明。一个重要的标志是,古时杰出的领袖(圣王)不但很早就建立起国家组织,而且用正确的人伦观教导人民。这就是所谓的"五伦"(或"五常"):父子之间要讲亲情,君臣之间要讲道义,夫妇之间要讲分工,长幼之间要讲秩序,朋友之间要讲信义。五伦主要是为了解决"人伦",就是建立正确、和谐的人际关系。懂得了"五常",人与人相处就有了秩序和规则,社会就安定和协调了。

夫民衣食不足,则不暇治礼义;而饱煖无教,则又近于禽兽。故既富而教以孝悌,则人知爱亲敬长而代其劳。(《孟子集注》卷一)

老百姓如果没有衣服穿又吃不饱肚子,那就没有时间去考虑礼义之类的事情;而如果吃饱了、穿暖了却不去教育他们,那就和禽兽差不多了。所以老百姓富裕起来以后,就应该对他们进行孝敬父母(孝)、敬爱兄长(悌)之类的人伦道德教育,这样人们就会知道热爱父母、尊敬长辈,从而懂得主动地去帮助他们完成各种辛苦的劳作了。

天无私覆,地无私载,日月无私照,故王者奉三无私以劳于天下,则兼临博爱,廓然大公,而天下之人莫不心悦而诚服。
(《文集》卷一二《己酉拟上封事》)

孔子说,管理国家的人要奉行"三无私"的精神。"三无私",就是像天一样无私地覆盖万物,像地一样无私地承载万物,像太阳、月亮一样无私地照耀万物。这样才可能招徕天下的百姓。朱子说,国家的领导者和管理者,如果能这样做,你就有了博大的爱心,就能大公无私,那么天下的老百姓就会心悦诚服地拥戴你了。

古今治乱,不过进君子退小人、爱人利物之类,今人都看巧去了。(《语类》卷一三)

从古到今,国家的治乱兴亡,不过就是如何用好有才能的好人而远离那些心术不正的坏人、热爱你的人民、合理地调配和使用各种资源这些基本的东西。现在人看不到这些,却把事情弄得华而不实了。

盖天下之事,决非一人之聪明才力所能独运,是以古之君子虽其德业智谋足以有为,而未尝不博求人才,以自裨益。方其未用,而收寘门墙,劝奖成就,已不胜其众,是以至于当用之日,推挽成就,布之列位,而无事之不成也。(《文集》卷二九《与赵尚书书》)

天下的事情,不是凭一个人的聪明、才能、力量所能成就的,所以古代的君子即使他的道德、事业和智慧、能力都足以有所作为,却没有不广泛地物色、征求人才,以求他们来辅助自己的。君子在自己没有被任用的时候,就应该和那些品行端正、又有才能的人交朋友,把他们搜罗在自己的身边,鼓励和支持他们成就各自的事业,这样的人越多越好。一旦君子得到了任用的机会,就可以把这些人推举出去,把他们安排在恰当的位子上,这样,就没有办不成的事情了。

为政,不在于用一己之长,而贵于有以来天下之善。(《孟子集注》卷一二)

当领导、做管理,不在于发挥自己的一点长处,重要的是能够把世上所有有长处、有才能的人都吸引过来为我所用。

古之君子有志于天下者,莫不以致天下之贤为急。(《文集》卷三七《与陈丞相》)

古代那些以国家兴亡为己任的人,没有不把网罗贤良、优秀的人才当作当务之急的。

集众思者易为力,专己智者难为功。(《文集》卷二七《与赵帅书》)

能够集合、吸纳大众的智慧的人,做事会很容易;只知道靠自己一个人聪明的人,很难把事情做成功。

四海之广,兆民至众,人各有意,欲行其私。而善为治者,乃能总摄而整齐之,使之各循其理而莫敢不如吾志之所欲者,则以先有纲纪以持之于上,而后有风俗以驱之于下也。(《文集》

卷一二《己酉拟上封事》

国家广大，人口众多，每个人都会有自己不同的诉求。而善于治理国家的人，为什么能够把人民领导、管理好，使他们能够遵循各自所应该遵循的道理和规则，而且符合国家的意志呢？这首先是因为管理者手持纲常和法纪（纲纪）在上面引导和约束，而后又有好的风气和传统在下面驱使。

信谗邪，则任贤不专；徇货色，则好贤不笃。贾捐之所谓"后宫盛色，则贤者隐蔽；佞人用事，则诤臣杜口"，盖持衡之势，此重则彼轻，理固然矣。故去谗、远色、贱货而一于贵德，所以为劝贤之道也。《中庸或问》下）

朱子说，相信进谗和奸邪的人，那么你就不可能一心一意地任用贤惠正直的人；谋求金钱和美色这些东西，那么你就不可能坚定地喜欢贤惠正直的人。汉代的贾捐之说："后宫里面如果只看重美色，那么贤惠正直的人就会把自己隐藏起来；拍马屁的人掌握大权，那么谏诤的大臣就会闭口不言。"这就是事物平衡的规律，这一方面重了，那一方面就轻了。所以，离开谗言，远离美色，不把金钱看得过重，而以德、义为贵，这才是进用贤人的正确方法。

夫伏节死义之士，当平居无事之时，诚若无所用者。然古之人君所以必汲汲以求之者,盖以如此之人临患难而能外死生,则其在平世必能轻爵禄;临患难而能尽忠节,则其在平世必能不诡随。平日无事之时得而用之,则君心正于上,风俗美于下,足以逆折奸萌、潜消祸本,自然不至真有伏节死义之事。……惟其平日自恃安宁,便谓此等人材必无所用,而专取一种无道理、无学识、重爵禄、轻名义之人,以为不务矫激而尊宠之,是以纲纪日坏,风俗日偷,非常之祸伏于冥冥之中,而一旦发于意虑之所不及,平日所用之人交臂降叛而无一人可同患难。(《文集》卷一一《戊申封事》)

朱子五十九岁时,给孝宗皇帝上了一封奏书,详谈了自己对时政及治国方略的看法。其中一个重要内容是讲如何用人及如何用好人。他希望皇帝能用那些可以为了国家而置自己的生死于度外的人(伏节死义之士)。他说,这样的人在太平无事的时候好像没用处,但是为什么古代的君主们却心情急迫地要寻找他们呢?因为这些人在面临患难的关头能忘死轻生,那么在太平日子一定能把地位(爵)、金钱(禄)看得很淡;这些人在面临患难时能为国尽忠殉节,那么在太平日子一定不会不顾是非而随风摇摆。在太平的日子用这样的人,那么君主的心就会端正,社会上的风气也会美好,这就足以反过来压制住那些始于萌芽状态的奸伪之人,从而在根本上消除灾祸,这样自然也就不会发生需要有人伏节死义的事了。唯有自以为国家安宁、太平无事,认为用不着伏节死义的人,却专门用一些不讲天理道义、没有学识、看重地位和金钱、轻视名誉和节气的人,这种人一心往上爬,所以不必用什么特殊的手段就可以为我所用,从而宠信他们。所以,国家的纲纪一天天变坏,风俗一天天变得刻薄而不厚道,于是可怕的灾祸就潜伏在无形之中了。而一旦发生我们无法预料和制止的祸害,那些平日里被重用和宠信的人就会一个跟着一个投降叛变,以致朝廷内没有一个可以共患难的人。朱子还以唐代的历史为例:天宝之乱发生后,唐明皇身边没有可用的人,真正起兵讨贼的人都在民间。这就是你不用那些伏节死义的人,而尊宠那些"无道理、无学识、重爵禄、轻名义"的人的结果。

何谓风俗?使人皆知善之可慕而必为,皆知不善之可羞而必去也。(《文集》卷一二《己酉拟上封事》)

纪纲不振于上,是以风俗颓弊于下。(《文集》卷一一《戊申封事》)

所谓风俗,就是使人们都知道善是可以学习、仿效和向往的而努力去做,都知道不善是可耻的而远离它。朱子又说:上面领导、管理者的纪律不严明、风气不正派、赏罚不分明,下面老百姓的风俗就会败坏。

大率天下事循理守法,平心处之,便是正当。(《别集》卷五《方

畎道》）

大体上说来，天下的事情，遵循规律，谨守法规，以平常心来对待，就是正确、恰当的态度和方法。

天下制度，无全利而无害底道理，但看利害分数如何。（《语类》卷一〇八）

任何制度都不可能十全十美。一个制度是好是坏，只要看它利和弊的比例，就可以判断了。

今世文人才士，开口便说国家利害，把笔便述时政得失，终济得甚事？只是讲明义理，以淑人心，使世间识义理之人多，则何患政治之不举耶？（《语类》卷一三）

现在有一些知识分子，一开口就评论国家政策，一动笔就议论时政得失，但是，这又有什么用呢？关键是要把正确的人生观、价值观（义理）讲清楚，以改善人心。如果社会上懂得义理的人多了，还怕国家治理不好吗？

人主当务聪明之实，而不可求聪明之名。信任大臣，日与图事，反覆辩论，以求至当之归，此聪明之实也。偏听左右，轻信其言，每事从中批出处分，此聪明之名也。（《文集》卷一四《经筵留身面陈四事札子》）

耳听八方、信息全面(聪)和眼观四路、观察全面(明),是一个领导者基本的素养。领导者如何才能聪明起来?一种做法是,信任你的部下,有事多和他们商量,多听各种意见,反复辩论,从而得出一个恰当的结论。另一种做法是,只听自己亲信的人的话,轻信他们的观点,并以此为据作出决定。朱子说,前一种做法是真聪明(实),后一种是假聪明(名)。

陆宣公之言曰:"民者邦之本,财者民之心。其心伤,则其本伤;其本伤,则枝干凋瘁而根柢蹶拔矣。"(《大学或问》下)
唐代的宰相陆贽说,老百姓是国家的根本,而财富是老百姓的心。伤了老百姓的心,就会伤到国家的根本。国家就像一棵树,它的根受了伤,枝干也会随之凋零和枯死,进而被连根拔起。

吕正献公之言曰:"小人聚敛以佐人主之欲,人主不悟,以为有利于国,而不知其终为害也。赏其纳忠,而不知其大不忠也;嘉其任怨,而不知其怨归于上也。"呜呼!若二公之言,则可谓深得此章之旨者矣,有国家者,可不监哉?(《大学或问》下)
北宋的名臣吕公著说,小人搜刮民脂民膏以满足皇上的欲求,皇上不明白其中的奥妙,以为小人的所作所为是为了国家,却不知道最终是害了国家。皇上嘉奖他们的忠心,却不知道他们是最大的不忠。嘉奖他们经得住别人的怨恨,却不知道所有的怨恨最终都归集到了皇上的身上。啊,国家的领导者(其实是所有当领导的人),能不以此为鉴吗?

熹尝谓天下之事有缓急之势,朝廷之政有缓急之宜。当缓而急,则繁细苛察,无以存大体,而朝廷之气为之不舒;当急而缓,则怠慢废弛,无以赴事几,而天下之事日入于坏。均之二者皆失也。然愚以为当缓而急者,其害固不为小;若当急而反缓,则其害有不可胜言者,不可以不察也。(《文集》卷二六《上宰相书》)

我曾经说过,天下的事情有的可以慢慢处理,有的却要抓紧处理,朝廷的政务也有适宜的缓急之分。该缓的事办得急了,就会使事情变得繁琐苛刻,反而把大的事情丢掉了,朝廷的气氛就会变得不舒畅。反之,该急的事情办得缓了,就会导致松懈、马虎、不认真,就无法抓住处理问题的最佳时机,问题得不到解决,最终废弃衰败,国家由此一天一天走向败坏。这两种处理问题的方法都是错误的。当缓而急的危害固然不小,但是如果当急而缓,那么它的危害就多得无法尽说了,真真不可不详审明辨啊!

夫撙节财用,在于塞侵欺渗漏之弊;爱惜名器,在于抑无功幸得之赏。(《文集》卷二六《上宰相书》)

节约开支、约束预算,关键在于堵住贪污(侵)、造假(欺)和管理制度的松懈(渗漏);爱惜国家授予人的名号、地位,关键在于止住不是靠贡献和功劳,而是靠旁门左道捞取恩赏的可能。

大抵天下有道而见,不必待其十分太平,然后出来;天下无道而隐,亦不必待其十分大乱,然后隐去。天下有道,譬如天之将晓,虽未甚明,然自此只向明去,不可不出为之用。天下无道,譬如天之将夜,虽未甚暗,然自此只向暗去,知其后来必不可支持,故亦须见几而作可也。(《语类》卷四四)

孔子说,具有贤德的人,如果看到国家混乱无道,就选择隐居起来。如果世道混乱,君子就应该做到"独善其身"——不同流合污。而如果国家走上了正道,那就应该出来为国效力了。朱子进一步解释说,所谓"天下有道",并不是说一定要十分太平,国家大治,然后才出来。"天下无道而隐",也不是说一定要等到国家乱得不可收拾,然后才隐去。他说,国家如果走上了正途,就像是拂晓时分,天色虽然还不亮,但一定是向着光明去的。这时,我们就应该挺身而出,为国效力。而天下无道的时候,就像是傍晚时分,天色虽然还不十分暗,但一定是向着黑暗去的,它是支撑不了多久的。这时,我们就应该见机而行,做出自己的抉择。这里,朱子发展了孔子的思想,使我们对儒家"进"、"退"和"出"、"隐"的理论有了更积极进取的理解。

盖"制治未乱,保邦未危",自其未有可虞之时,必儆必戒。能如此,则不至失法度、淫于逸、游于乐矣。若无个儆戒底心,欲不至于失法度、不淫逸、不游乐,不可得也。既能如此,然后可以知得贤者、邪者、正者、谋可疑者、无可疑者。若是自家身心颠倒,便会以不贤为贤,以邪为正,所当疑者亦不知矣。(《语类》卷七八)

《尚书·大禹谟》里说:"儆戒无虞,罔失法度,罔游于逸,罔淫于乐。任贤勿贰,去邪勿疑,疑谋勿成,百志惟熙。"意思是说,要警戒那些无形的事,不要失去法度,不要贪图安逸,不要过度享乐。任用贤人不要有二心,去除坏人不要犹豫,可疑的谋划不要施行,这样,心中种种的宏图伟略就可以发扬光大了。《尚书·周官》里还有一句话:"制治于未乱,保邦于未危。"意思是说,制定法令教化要在国家陷入混乱之前,国防建设要在国家陷入危险之前。朱子说,这些话都是告诉我们所有的预防和警戒措施都应该在危机发生之前落实。在危机还没有发生的时候做到"必儆必戒",就不至于失法度、淫于逸、游于乐了。做到这一点,那么各色人等也就可以看清楚了。如果自己头脑不清醒,那就会把不贤的人当成贤人,把坏人当成好人,而应该怀疑的也不怀疑了。

古者网罟必用四寸之目,鱼不满尺,市不得粥,人不得食。山林川泽,与民共之,而有厉禁。草木零落,然后斧斤入焉。此皆为治之初,法制未备,且因天地自然之利,而撙节爱养之事也。(《孟子集注》卷一)

古人的渔网网孔不能小于四寸,不满一尺的鱼不能上市买卖,人也不能吃。山林、河流、湖泊是公共的资源,但是也有严格的禁令,只有在草木凋零的冬季才可以进入采伐渔猎。凡此种种,都是在法制还没有完备的时候,我们的先民们顺应着大自然的规律而自觉地节制和爱护养育万物的行为。朱子的这段话,是对《孟子·梁惠王上》关于"不违农时"一段话的注解。孟子说,治理国家的人,如果知道按照节气时令来让农民从事农业生产,那么粮食就吃不完了;如果禁止孔眼很密的渔网进入水塘,那么鱼鳖就吃不完了;斧头锯子如果在适当的时候才进入山林采伐,那么木材就用不完了。孟子的时代,大约在公元前385年左右,可见中国人的环境意识产生得非常早。可惜的是,我们这帮不肖子孙把先人的遗训丢得一干二净!

十 交友

朋友之交,责善所以尽吾诚,取善所以益吾德,非以相为赐也。然各尽其道而无所苟焉,则丽泽之益,自有不能已者。

十 交友

讲学以会友,则道益明;取善以辅仁,则德日进。(《论语集注》卷六)

以读书学习和讨论学问来会友,那么道理就会越讲越明白;以吸取别人的善行和优点来培养自己的仁德,那么品行就会一天比一天长进。

友所以辅仁,故尽其心以告之,善其说以道之。然以义合者也,故不可则止,若以数而见疏,则自辱矣。(《论语集注》卷六)

人之所以需要朋友,是因为他可以培养我们的仁德。所以当看到朋友的过失、缺点时,我们要毫无保留地告诫他,用正确的道理引导他。但请注意,你们相合的基础是道义。所以,你要掌握分寸,适可而止。如果因为你说得过多而被对方疏远,那就是自取其辱了。

交游之间,尤当审择,虽是同学,亦不可无亲疏之辨。……大凡敦厚忠信、能攻吾过者,益友也。其谄谀轻薄、傲慢亵狎、导人为恶者,损友也。(《续集》卷八《与长子受之》)

结交朋友,一定要经过思考,有所选择。即使是同学,也不能没有亲近与疏远的区别。凡是那些淳朴宽厚、忠诚守信、能批评指正我的过失和缺点的人,是有益的朋友。那些奉承拍马、轻佻刻薄、傲慢、不庄重、导人向恶的人,是有害的朋友。

但恐志趣卑凡,不能克己从善,则益者不期疏而日远,损者不期近而日亲。此须痛加检点而矫革之,不可荏苒渐习,自趋小人之域。《续集》卷八《与长子受之》

怕就怕自己志向低下、趣味庸俗,又不能克服自己的缺点错误而向善,这样,那些你不希望疏远的益友自然会一天天地远离你,而那些你不希望亲近的损友则一天天地亲近你。这是必须痛下决心加以检讨、反省而予以纠正、革除的,不可以拖延磨蹭,渐渐养成了坏习惯,自己把自己驱赶到了小人的圈子里去。

朋友之交,责善所以尽吾诚,取善所以益吾德,非以相为赐也。然各尽其道而无所苟焉,则丽泽之益,自有不能已者。《文集》卷八一《跋方伯谟家藏胡文定公帖》

与朋友交往,督责他们向善,这是竭尽我的忠诚;学习他们的优长,是为了增益我的美德。这绝不是什么相互赐予和交换的问题。但大家都是按照道义各尽其责,互不勉强。这就好比两个相邻的池塘,可以互相润泽、互相滋益,这样的好处真可以受之无穷啊!"丽泽",语出《易经·兑卦》:"丽泽兑,君子以朋友讲习。"丽,连也。泽,池塘、湖泊也。兑,同悦。两泽相连,互相滋润,这是一件多么让人高兴的事啊!朱子解释说:"两泽相丽,互相滋益,朋友讲习,其象如此。"

夫人伦有五,而其理则一。朋友者,又其所藉以维持是理,而不使至于悖焉者也。由夫四者之不求尽道,而朋友以无用废。然则朋友之道尽废,而责善辅仁之职不举,彼夫四者又安得独力而久存哉?呜呼!其亦可为寒心也已。非夫强学力行之君子,则孰能深察而亟反之哉?(《文集》卷八一《跋黄仲本朋友说》)

人来到这个世界,一定要处理好君臣、父子、兄弟、夫妇、朋友五种关系,这就是"五伦"。朱子认为,五伦中父子、兄弟这两伦是自然的、天生的属性,比较容易处理,夫妇一伦是自然属性派生出来的,君臣一伦是因自然属性而得以保证的(君臣如父子),唯独朋友一伦与自然属性没有关系。因此,朋友一伦往往被轻视甚或无视。朱子说,人有五伦,但道理其实都是一样的。朋友之伦看上去很轻,但它的作用却非常重要。因为唯有它可以维持、匡正其他四伦,而它匡正的办法就是:责善、辅仁。可惜现在人们对其他四伦都不讲究了,朋友之伦就更是被抛弃了。但是,一旦朋友之道被抛弃,那谁来责善、辅仁呢?没有责善、辅仁的人,那其他四伦又如何能行之久远呢?朱子说,一想到这个问题他就会感到很心寒。

元城刘忠定公有言:子弟宁可终岁不读书,而不可一日近小人。此言极有味。大抵诸郎为学,正当以得师为急,择友为难耳。(《文集》卷二七《与陈丞相书》)

刘安世,字器之,河北元城人,北宋名臣。他说的这句话朱子非常欣赏。朱子认为这句话其实是提醒我们,找到一个好的老师多么重要,而择友、交友又多么困难。

臣闻:"蓬生麻中,不扶而直;白沙在泥,不染而黑。"故贾谊之言曰:"习与正人居之,不能无正,犹生长于齐之地,不能不齐言也;习与不正人居之,不能无不正,犹生长于楚之地,不能不楚言也。"(《文集》卷一二《己酉拟上封事》)

朱子十分强调年轻人的交友之道,他更强调国家的领导和管理者的"交友之道":远便嬖(逢迎拍马的小人),近忠直(忠诚而正直的人)。朱子六十岁那年,南宋孝宗退位,光宗即位。朱子写了一封信给新皇帝,提出了十条改革弊政的建议,第三条就是讲要远离便嬖,亲近忠直。朱子认为,领导人处在什么样的环境中,就会受到环境的影响成为什么样的人。他引用《荀子·劝学篇》里的比喻说,蓬草是软的,可是因为生在麻丛中,所以是直着长的,而白沙混在泥里,也免不了变黑。他又引用西汉贾谊的话说,你生活在那里,就必定要说那里的话。这都是在说明同一个道理。

日月易得,毋因循失之,乃所深望。前以戏谑奉规,能留意否? 先圣言"君子不重则不威,学则不固",向曾讲此至熟。日用之间,只此一句勿令违失,则工夫已过半。千万千万!(《文集》卷四〇《答刘平甫》)

刘玶,是朱子的老师刘子翚的儿子,小朱子八岁。朱子与他一起长大,感情很好,一直把他当亲弟弟。刘玶喜欢结交朋友,又出身豪门,不免有各色人等来巴结他。所以朱子经常提醒他要注意谨慎交友。朱子认为,交上了不好的朋友,最大的危害是会"惰游废业"而伤害自己的德行。他告诫刘玶,时光对我们而言来得太容易了,但是如果不珍惜,不知不觉之间就流逝了。朱子一直规劝他不要和那些只会"谈说戏笑"、吃吃喝喝的人搞在一起,减少一些无谓的应酬。孔子说:"君子轻浮不庄重,就没有威严,为学也不会踏实。"我们平日待人处事,如果能记住这句话,修养的工夫就已经做到一大半了。

泛交而不择,取祸之道。子张之言泛交,亦未尝不择。盖初无拒人之心,但其间自有亲疏厚薄尔。(《语类》卷四九)

朱子说:乱交朋友而不加选择,这是在自取祸害。孔子的学生颛孙师(字子张)讲要广泛结交朋友,并不是说朋友不要选择,只是说与人交往不要先入为主地一开始就有拒绝别人的念头,但是心里还是要有基本的判断,从而决定你对他关系或情感上的距离远近。

> 人交朋友,须求有益。若不如我者,岂能有益?(《语类》卷二一)

> 上焉者,吾师之;下焉者,若是好人,吾教之;中焉者,胜己则友之,不及者亦不拒也,但不亲之耳。若便佞者,须却之方可。(《语类》卷二一)

"无友不如己者"是《论语·学而》中孔子的话,原意是说不与不如自己的人为友。对这句话历来有很多解释,我以为朱子的解释最好。他说,我们交朋友当然是希望能对自己有所帮助、补益。如果是不如我的人,怎能对我有益呢?品行、能力在我之上的人,我以他为师;品行、能力在我之下的人,如果是好人,我就教他;中等的人,如果胜过我,我就与他交朋友,不如我的我也不排斥他,只是不和他亲近罢了。如果是那些溜须拍马、心术不正的人,就一定要和他保持距离了。

> 圣人此言,非谓必求其胜己者。今人取友,见其胜己者则多远之,而不及己则好亲之。此言乃所以救学者之病。(《语类》

卷二一)

"无友不如己者"是一句被很多人误解的话。朱子的解释不仅把这句话字面上的意思讲清楚了,他还把孔子这句话深刻的内涵阐发出来了。他说,孔圣人的这句话,并不是要你必须要找胜过自己的人,他是感到当时的人们选择朋友的取向不对:看见比自己优秀的人,就会有意无意地远离他们,却喜欢亲近那些不如自己的人。孔圣人的这句话正是为了医治人们的这种毛病。

有人问我:"子曰'无友不如己者',何解?请朱教授不吝赐教。"杰人答曰:"此问甚佳。请看朱子如何回答:问'无友不如己者'。曰:'这是我去求胜己者为友。若不如我者,他又来求我,这便是"童蒙求我,匪我求童蒙"也。'问:《集注》谓"友以辅仁,不如己,则有损而无益"。今欲择胜己者与之为友,则彼必以我为不及,而不肯与我友矣。虽欲友之,安得而友之?'曰:'无者,禁止之辞。我但不可去寻求不如己者,及其来也,又焉得而却之?推此,则胜己者亦自可见。'(俱见《语类》卷二一)"

有人问,孔子说一定要选择胜过自己的人做朋友,那么胜过自己的人必定认为我不如他而不和我做朋友。朱子认为,我求胜过自己的人为友,不如我的人又来求我做朋友,这就恰如《易经·蒙卦》所说,不是我去求蒙昧无知的孩子,而是蒙昧无知的孩子来求我了。在另一个地方朱子又说:"无"是个禁止之词,即今"毋"字,意为不要,即我只是不要去找不如自己的人为友,但这样的人如果来了,我又怎能拒绝他呢? 同样的道理,胜过我的人也一定会这样对待我的。

不得自擅出入,与人往还。初到,问先生有合见者见之,不令见则不必往。人来相见,亦启禀,然后往报之。(《续集》卷八《与长子受之》)

这是朱子送长子朱塾去吕祖谦那里求学时对他提出的一个要求。朱子非常重视孩子的交友,他规定孩子不能擅自出门结交朋友。初到一个地方,不知道该与哪些人见面,那就要请教老师,老师认为该见的就见,老师不让见的就不见。如果有人主动来找你,不见不礼貌,那也应该让老师知道,事后要向老师报告。

十一 教育

孝顺父母,恭敬长上;和睦宗姻,周恤邻里;各依本分,修本业;莫作奸盗,莫纵饮博,莫相斗打,莫相论诉,莫相侵夺,莫相瞒昧;爱身忍事,畏惧王法。

十一　教育

父子有亲,君臣有义,夫妇有别,长幼有序,朋友有信。右五教之目。

博学之、审问之、谨思之、明辨之、笃行之。右为学之序。

言忠信,行笃敬,惩忿窒欲,迁善改过。右修身之要。

正其义不谋其利,明其道不计其功。右处事之要。

己所不欲,勿施于人。行有不得,反求诸己。右接物之要。

(《文集》卷七四《白鹿洞书院揭示》)

朱子修复了白鹿洞书院以后,还为白鹿洞书院写了《白鹿洞书院揭示》(简称《揭示》),相当于现在的学规校训。《揭示》共五条。第一条讲"五教",即"五伦",就是人来到这个世界上必须面对的最基本的五种人伦关系:父子关系,要讲亲情;君臣关系,要讲道义;夫妇关系,要讲区别;长幼关系,要讲秩序;朋友关系,要讲信用。第二条讲学习的程序:首先是要广博地学习,拓宽知识面;其次是要深入地质疑提问;接着还要缜密地思考、分析;在这些基础上,做到对所学知识的辨析明白;最后,必须认真地去实践和施行所学到的知识。第三条讲修身的要点:发言要忠诚守信;做事要笃实专注;克制愤怒、节制欲望;向善靠拢、改正错误。第四条讲处理世事的要点:知悉道义并发扬光大,不谋取私利,不计较付出。第五条讲待人接物的要点:自己不想要的,不要强加给别人;事情不能如愿,要反过来从自己的身上找原因。朱子的这个《揭示》,全面阐述了为人处事的根本原则和读书求知的基本规律,可说是金科玉律,直到今天依然闪耀着不灭的光辉。

为吾民者,父义(原注:能正其家)兄友(能养其弟),弟敬(能敬其兄)子孝(能事父母)。夫妇有恩(贫穷相守为恩。若弃妻不养,夫丧改嫁,皆是无恩也),男女有别(男有妇,女有夫,分别不乱)。子弟有学(能知礼义廉耻),乡闾有礼(岁时寒暄,皆以恩意。往来燕饮,序老少坐立拜起)。贫穷患难,亲戚相救(借贷财谷);昏姻死丧,邻保相助。无堕农桑,无作盗贼,无学赌博,无好争讼;无以恶凌善,无以富吞贫。行者逊路(少避长,贱避贵,轻避重,去避来),耕者逊畔(地有畔,不相争夺),班白者不负戴于道路(子弟负重执役,不令老者担擎)。则为礼仪之俗矣。(《文集》卷一〇〇《揭示古灵先生劝谕文》)

北宋时有一位很著名的大臣叫陈襄,为人正直,品行端厚,很受人尊重。陈襄在做仙居县令的时候,针对当时社会风气的败坏,写了一篇《劝谕文》,教导民众如何做人处事。朱子非常赞赏这篇文章,在他当地方官的时候,就把这篇文章公布于众,要求大家都来遵守执行。文章说:做父亲的要做到"义",就是要能管理好自己的家,使家庭有正气。做哥哥的,要把弟弟照管好。做弟弟的要尊敬兄长。做子女的要能服侍好父母。夫妇之间要做到有恩情,就是不论贫富都要相互厮守,不离不弃。丈夫抛弃妻子、妻子在丈夫去世后丢下公婆、孩子而改嫁,都是寡恩薄情的行为。男女要知道有分工区别,就是男人要知道谁是自己的妻子,女人要知道谁是自己的丈夫,分别清楚而不混乱。孩子们要有教养,就是能知道礼义廉耻。邻里之间要有礼,比如时逢节令要互相问候,互相交往要有情有义。互相往来或宴请聚会,应该按照年龄、辈分站立、入座和行礼。对贫困或遇到困难的人,亲朋之间应该出手相助,借给他钱财或粮食,让他们渡过难关。遇到婚丧大事,邻里之间应该互相帮助。不能荒废农事,不能去偷盗和抢劫,不要赌博,不要总是去争吵、诉讼;不要欺负好人、老实人,不要因自己富有而去吞并穷人的财物、土地。走路要懂得谦让:年轻的要让年长的,身份低的要让身份高的,拿轻东西的要让拿重东西的,去的人要让来的人。头发花白的人不背负重物在路上行走,也就是说,小辈要主动地把重的东西担在自己的身上,不能让年纪大的人挑着或拿着。如果做到了这些事,那么就可以说这里养成了讲究礼仪的风俗了。

孝顺父母,恭敬长上;和睦宗姻,周恤邻里;各依本分,修本业,莫作奸盗,莫纵饮博,莫相斗打,莫相论诉,莫相侵夺,莫相瞒昧;爱身忍事,畏惧王法。(《文集》卷一〇〇《揭示古灵先生劝谕文》)

朱子在公布陈襄《劝谕文》的同时,加了一段按语,把《劝谕文》的要点归纳了一下。家庭内部的要点是:对父母的孝顺和对长辈的恭敬。处理亲戚和邻里关系的要点是:亲戚之间要和睦,邻里之间要互相体恤爱护。个人修为的要点是:守住做人的底线(本分),爱岗敬业,做好本职工作。不能做的事一定要记住:奸邪、偷盗;酗酒、赌博;打架、斗殴;互相攻讦、诉讼;互相侵犯、抢夺;互相欺骗、隐瞒。总之要洁身自好,不惹事端,要畏惧法规。

人之异于禽兽,是父子有亲,君臣有义,夫妇有别,长幼有序,朋友有信。(《语类》卷五七)

人所以异者,以其有仁义礼智。若为子而孝,为弟而悌,禽兽岂能之哉?(《语类》卷五七)

朱子认为,人和禽兽的根本区别,在于人懂得"人伦"和"四端"。人伦,就是人如何处理君臣、夫妇、长幼、朋友各种人际关系。四端,就是"仁义礼智"。这是孟子提出来的,他说:"恻隐之心,仁之端也;羞恶之心,义之端也;辞让之心,礼之端也;是非之心,智之端也。"

最是人材难全,惩其所短则遗其所长,取其所长则杂其所短,此须大段子细着眼力,乃可无悔吝耳。(《文集》卷三三《答吕伯恭》)

完美无缺的人才是最难求的,往往是戒掉了他的短处,他的长处也没有了;发挥了他的长处,他的短处又掺杂进来了。这真是要花大力气,有好的眼光,仔细观察,才不致后悔。

闻道有蚤莫,行道有难易,然能自强不息,则其至一也。(《中庸章句》)

知道、明了道义有早有晚,实行、践履道义有难有易,然而只要自强不息,那么最后的终点是一致的。

士患不知学,知学矣,而知所择之为难;能择矣,而勇足以行之,内不顾于己私,外不牵于俗习,此又难也。(《文集》卷九〇《程君正思墓表》)

人最怕不知道要学习,知道了要学习,就会明白如何选择(判断是非,有所取舍)是很困难的。如果能够做出正确的选择,而且能够勇敢地去实行,向内能克服自己的私心,对外又不受流俗和习惯的牵扯,则更加困难。

横渠云:"言有教,动有法,昼有为,宵有得,息有养,瞬有

存。"此语极好。(《语类》卷一一八)

北宋时有个叫张载的理学家讲过这样一段话：讲话要有教养，行为要符合法度，白天工作的时候要有所作为，晚上休息的时候要保养好自己的气息，即使在呼吸之间也要注意休养，每时每刻都要心存道义。后来，这六句话被称作"身心六箴"，即六句修养身心的箴言。朱子也认为这六句话"极好"。

穷理、涵养，要当并进。盖非稍有所知，无以致涵养之功；非深有所存，无以尽义理之奥。正当交相为用，而各致其功耳。(《文集》卷四五《答游诚之》)

穷理，是对外部世界的探究和把握。涵养，是对自身心灵世界的修炼和培养。但朱子认为，这两件事是不能分开的，应该要同时用力，互相促进。了解和掌握外部世界的各种知识，可以帮助提升内心世界的涵养功夫；反过来，如果不能致力于存心养性，又如何能充分体察义理的精妙之处呢？所以，穷理和涵养要交相为用，让它们各自发挥功用。这就是内外兼修的道理。

古之学者……非独教之，固将有以养之也。盖理义以养其心，声音以养其耳，采色以养其目，舞蹈降登疾徐俯仰以养其血脉，以至于左右起居，盘盂几杖，有铭有戒，其所以养之之具，可

谓备至尔矣。夫如是,故学者有成材,而庠序有实用,此先王之教所以为盛也。(《文集》卷七四《谕诸生》)

在教育中,朱子强调除了"教"还要"养"。养有修养的意思,还有熏陶的意思。所以他说义理可以养心,音乐可以养耳,色彩可以养目,舞蹈、体育、运动可以养血脉,甚至在日用器具如盘子、杯子、几案、手杖上也刻上铭文和训戒的文字,用以修养、熏陶。像这些养人的方法、工具真可称作完备了。正因如此,学生才可成才,学校才有实用。

犯义之过,一曰酗博斗讼(原注:酗谓纵酒喧竞,博谓赌博财物,斗谓斗殴骂詈,讼谓告人罪恶,意在害人,诬赖争诉,得已不已者。若事干负累,及为人侵损而诉之者非),二曰行止踰违(踰礼违法,众恶皆是),三曰行不恭逊(侮慢齿德者,持人短长者,恃强凌人者,知过不改、闻谏愈甚者),四曰言不忠信(或为人谋事,陷人于恶;或与人要约,退却背之;或妄说事端,荧惑众听者),五曰造言诬毁(诬人过恶,以无为有,以小为大,面是背非。或作嘲咏匿名文书,及发扬人之私隐,无状可求,及喜谈人之旧过者),六曰营私太甚(与人交易,伤于掊克者;专务进取,不恤馀事者;无故而好干求假贷者;受人寄托而有所欺者)。(《文集》卷七四《增损吕氏乡约》)

朱子曾作《增损吕氏乡约》,其中列举了六种违反了道义的错误（犯义之过）：第一，是"酗博斗讼"。朱子解释说，酗，就是纵酒喧闹，互相比拼。博，就是以财物来赌博。斗，就是斗殴谩骂。讼，就是出于害人的目的而举告别人的罪恶，或者是诬陷、耍赖，没完没了。但是，如果事情牵累自己，或是被人侵害了权益，这样的诉讼不在其内。第二，是"行止踰违"。朱子解释说，踰违，就是逾越了礼和法的规定。所有丑陋、罪恶的事情都是踰违造成的。第三，是"行不恭逊"。即行为举止不知道恭敬和谦逊。朱子解释说，侮辱、不尊重长辈和品行高尚的人；抓住别人的缺点、过失，攻击别人；依仗自己的强势欺凌别人；明知自己错了却不肯改正，听到劝谏反而变本加厉。这些都是"行止踰违"的表现。第四，是"言不忠信"。就是对人不忠实，说话不守信。朱子解释说，为人谋划事情，却陷人于罪恶。与人有了约定，一转身就违背。胡言乱语，用似是而非的话语蛊惑人心。这些都是"言不忠信"的表现。第五，是"造言诬毁"。就是造谣、诬陷、毁伤。朱子举例说，诬陷人，把没有的说成有，把小的说成大；当面一套背后又一套；或者造谣嘲讽，写匿名信；或者揭发、宣扬别人的隐私；实在找不出由头就谈论别人以前的过错。这些都是"造言诬毁"的表现。第六，是"营私太甚"。营，就是经营、谋划。朱子并不反对为自己的私利而经营谋划，但是不能过分（太甚）。他举例说，用克扣、搜刮手段做买卖的人；为了升官、晋级不择手段的人；喜欢巴结、讨好有权势的人；老是找借口来借贷的人;受人之托却欺骗别人的人。这些都是"营私太甚"的表现。

不修之过,一曰交非其人(原注:所交不限士庶,但凶恶及游惰无行、众所不齿者而已,朝夕与之游处,则为交非其人。若不得已而暂往还者非),二曰游戏怠惰(游谓无故出入,及谒见人止务闲适者。戏谓戏笑无度,及意在侵侮,或驰马击鞠而不赌财物者。怠惰谓不修事业,及家事不治,门庭不洁者),三曰动作无仪(谓进退太疏野,及不恭者;不当言而言,及当言而不言者;衣冠太华饰,及全不完整者,不衣冠而入街市者),四曰临事不恪(主事废忘,期会后时,临事怠慢者),五曰用度不节(谓不计有无,过为侈费者;不能安贫,非道营求者)。(《文集》卷七四《增损吕氏乡约》)

在《增损吕氏乡约》中,有一节专讲"不修之过"——对自己的行为举止、待人接物不检点,缺乏教养的过错。共五条:第一,"交非其人"——结交了不应该结交的朋友。朱子解释说,读书人交朋友当然不可能只限于读书人,其他社会阶层的人也可以结交,但是如果和那些品行凶恶、游手好闲、行为不端的人,那些被人们看不起的人整天混在一起,就是交非其人。当然,如果是出于不得已而暂时和他们交往,那是例外。第二,"游戏怠惰"——不务正业,整天游玩而不从事生产劳动。朱子说,游,就是指没有正当的理由离开家整天在外面游玩、闲荡。戏,就是指戏弄、开玩笑而不能把握分寸,过了头,以及故意冒犯和羞辱人,或者是沉迷于赛马、打球。怠惰,就是指没有正当的工作,不从事生产劳动,不能维持家庭的日用所需,不能保持居住环境的干净整洁。第三,"动作无仪"——行为举止没有规矩。朱子举例说,进进出出粗野随便,不讲礼节;不该讲话的时候讲话,该讲话的时候不讲话;衣服、打扮太过花哨,以及衣饰不能穿戴整齐,或者穿着不合适的衣饰(比如睡衣之类)到大街上去。这些都是没有规矩的表现。第四,"临事不恪"——遇到正事时不认真、不恭敬,懈怠马虎。朱子举例说,自己主持一件事情,却忘记了或随随便便就取消了;约会、开会不准时,迟到;对待事情懈怠、马虎、不认真。这些都是"临事不恪"的表现。第五,"用度不节"——开支、消费不知道节俭。朱子说,用度不节一是指不能量入为出,过度消费;二是指不能安于贫困,用不符合道义的手段去谋取利益。

古者玉不去身,无故不去琴瑟,自成童入学,四十而出仕,所以教养之者备矣。义理以养其心,礼以养其血气,故才高者圣贤,下者亦为吉士,由养之至也。(《论语精义》卷四下)

朱子在解释《论语·泰伯》"兴于诗,立于礼,成于乐"时,引用了一段程颐的话说,古人有佩玉的习惯,一般玉是不离身的。

学习音乐也是古人必修的功课,所以没有特别的原因,琴瑟等乐器也总是陪伴在身边的。从八岁入学,到四十岁出去做官,其间用于教养的方法、手段可说是太完备了。比如,义理是用来养心的,礼仪是用来养血气的,所以,教育出来的人,才气高的可以成为圣贤,差一点的也可以成为有才德之人,这都是养的结果。朱子在这里提出一个"养"字,这是个非常重要的概念。朱子认为教育的目的不是简单地学习知识、掌握技能,而是要培养人格和心智健全的人。所谓"养",就不是单纯的"教",还要全面的修养。这颇有些像我们现在讲的素质教育。

教导后进,须是严毅。然亦须有以兴起开发之,方得。只恁严,徒拘束之,亦不济事。《语类》卷一三

教育学生、年轻人,必须严格,但是也要注意引导和开发。如果只是一味严格,只会去约束他们,也是不会成功的。

早晚授业、请益随众例,不得怠慢。日间思索有疑,用册子随手札记,候见质问,不得放过。《续集》卷八《与长子受之》

朱子十分注重对自己孩子的教育。他遵循"易子而教"的古训,把长子朱塾交给金华的好朋友吕祖谦教育。在朱塾离家前往金华时,朱子写了一封长信,对他提出了一系列非常具体的要求。他说,每天听课、提问(请益)要和其他学生一样,不得

放松怠慢。白天思考问题遇到疑问,要随手记在本子上,等见到老师再请教,不能随便放过。这是这封信讲的第一个要点。

所闻诲语,归安下处思省。要切之言,逐日札记,归日要看。见好文字,亦录取归来。《续集》卷八《与长子受之》

朱子教导孩子要养成良好的学习习惯:听到老师教诲的话语,回到宿舍要思考省察。重要的话语,要每天做好札记,过几天就拿出来看看。看到好的文章,也应该抄录下来带回去。

居处须是居敬,不得倨肆惰慢。言语须要谛当,不得戏笑喧哗。《续集》卷八《与长子受之》

平时的仪态举止应该保持恭敬严肃,不能傲慢放肆,懒惰散漫。讲话一定要得体,不能开不恰当的玩笑和大声说笑。

凡事谦恭,不得尚气凌人,自取耻辱。《续集》卷八《与长子受之》

处理任何事情都要谦虚恭敬,不能意气用事,欺侮别人,这样做只会自取其辱。

不可言人过恶,及说人家长短是非。有来告者,亦勿酬答。(原注:于先生之前,尤不可说同学之短。)《续集》卷八《与长子受之》

不可以谈论别人的缺点过失，不要去说人家的长短是非。如果有人来告诉你这些事，也不能接过话题来应答他。在老师面前，尤其不可以说同学的短处。

见人嘉言善行，则敬慕而纪录之。见人好文字胜己者，则借来熟看，或传录之而咨问之，思与之齐而后已。（原注：不拘长少，惟善是取。）《续集》卷八《与长子受之》

见到别人有好的言论和好的行为，应该表示出尊敬和羡慕，并记录下来。看到别人写出了胜过自己的好文章，就借来熟读，或者把它抄录下来并向他请教、咨询，想想怎样才能写得和他一样好，写不好就不罢休。不论年长年少，只要是好的就向他学习。

今遣汝者，恐汝在家汩于俗务，不得专意，又父子之间不欲昼夜督责，及无朋友闻见，故令汝一行。《续集》卷八《与长子受之》

今天我之所以要送你到金华去求学，是怕你在家里会沉溺于各种琐细的事务，不能专心于学问，我作为父亲也不愿白天黑夜地督促、叱责你，同时也没有同学朋友之间的交流互动，所以要让你离家远行。在这段话里，朱子把古人"易子而教"的道理阐释得非常清晰：一、在家读书会受环境的影响不利于专注学习。二、父亲当老师，如果对孩子要求严格，难免会伤及父子感情。三、读书是需要有伴的,同学、朋友之间的交流、互动、影响,是学问长进必不可少的条件。

以上数条,切宜谨守。其所未及,亦可据此推广。大抵只是勤谨二字。循之而上,有无限好事,吾虽未敢言,而窃为汝愿之。反之而下,有无限不好事,吾虽不欲言,而未免为汝忧之也。(《续集》卷八《与长子受之》)

上面我对你讲的这几条,你要切实遵守。有些我没有涉及到的,也可以据此举一反三。总的来说就是勤(勤奋不懈)和谨(谨严恭敬)两个字。循着这条路往上走,就会有无限的好事,我不愿意说透,但我在心里为你祝福。如果反其道而往下走,就会有无限的坏事,我不想说出来,但却不能不为你担忧。

某此间讲说时少,践履时多,事事都用你自去理会,自去体察,自去涵养。书用你自去读,道理用你自去究索。某只是做得个引路底人,做得个证明底人,有疑难处同商量而已。(《语类》卷一三)

朱子对学生说,你们到我这里来学习,实践的时间应该比听讲的时间长。书籍要自己去阅读品味,事情要自己去观察体验,道理要自己去摸索探究。我只是做一个带路的人,做一个见证的人,你们有不懂的地方,就和你们一起讨论,如此而已。

十二 为学

大抵为学,只是博文约礼两端而已。博文之事,则讲论思索要极精详,然后见得道理巨细精粗无所不尽,不可容易草略放过。约礼之事,则但知得合要如此用功,即便着实如此下手,更莫思前算后,计较商量。

十二　为学

为学先须立志。志既立,则学问可次第着力。立志不定,终不济事。(《语略》卷一)

求学、谋事必须先立定志向。志向立定了,那么学问、事业就可以按照一定的顺序去下功夫。志向不定,终究是不能成功的。

书不记,熟读可记;义不精,细思可精。唯有志不立,直是无着力处。只如而今,贪利禄而不贪道义,要作贵人而不要作好人,皆是志不立之病。(《文集》卷七四《又谕学者》)

读过的书记不住,熟读可以记住;义理理解不透,细细地琢磨可以理解透。唯有不立定志向,就会让你找不到使力气的地方。就像现在有些人,贪图利禄,却不贪图道义;要做贵人,却不要做好人,这都是得了没有立定志向的毛病。

立志要如饥渴之于饮食。才有悠悠,便是志不立。(《语类》卷八)

孔子曰:"吾十有五而志于学。"只十五岁时,便断断然以圣人为志矣。(《语类》卷一〇四)

"志学"字最有力,须是志念常在于学,方得。(《语类》卷二三)

对志向的追求要像渴了要喝水,饿了要吃饭一样。稍有点松懈,就是志向没有立定。孔子才十五岁就下定决心要做一个圣人,所以说"志学"这两个字是最有力量的。

"学如不及,犹恐失之",此君子所以孜孜焉爱日不倦而竞尺寸之阴也。(《文集》卷七四《同安县谕学者》)

"学如不及,犹恐失之",是《论语·泰伯》中的话。意思是说,学习,总是感到自己有所欠缺,心里感到害怕,唯恐会失去什么。程颢也讲过差不多的话:"学如不及,犹恐失之,不得放过,才说姑待明天,便不可也。"有所不及,不能放过,不能姑且等到明天再说。朱子感叹道:这就是君子为什么勤奋努力,毫不懈怠,珍惜时光,一刻也不敢倦怠地去和时间赛跑的原因啊!程颢还说过:"如果自我懈怠,就是自暴自弃。人如果不学习了,就会变得老而衰。"朱子也感叹说:"'日月逝矣,岁不我与。'丈夫有志者,岂当为此悠悠泛泛,徘徊犹豫,以老其身乎?"

大抵为学,只是博文约礼两端而已。博文之事,则讲论思索要极精详,然后见得道理巨细精粗无所不尽,不可容易草略放过。约礼之事,则但知得合要如此用功,即便着实如此下手,更莫思前算后,计较商量。(《文集》卷四八《答吕子约》)

"博文约礼"是孔子的话,朱子解释说,"博文"就是要广博地学习,"约礼"就是要用礼来约束自己的行为举止。但是如何来具体地"博文"呢?朱子说,你在读书、思考、研究、讨论的时候一定要极其精深、细密,对你学习、研究的对象的"巨细精粗",都把握彻底,千万不能草草了事,粗枝大叶走过场。明白了这个道理,接下来就是"约礼",即用这个道理来约束自己,而不能瞻前顾后,计较得失,犹豫不决。

学者贪高慕远,不肯从近处做去,如何理会得大头项底?而今也有不曾从里做得底,外面也做得好。此只是才高,以智力胜将去。《中庸》说细处,只是谨独、谨言、谨行;大处是武王、周公达孝,经纶天下,无不载。小者便是大者之验。须是要谨行、谨言,从细处做起,方能充得如此大。(《语类》卷八)

朱子说,圣人教导人,都是要求你从近处、小事开始做。比如扫地,先扫小屋子,小屋子扫干净了,再扫大屋子。但是现在的读书人,好高骛远(贪高慕远),不肯从近处、小事做起,这样怎么能懂得、处理大事情呢?当然,也有这样的人,并没有从基础做起(从里做得),一下手就做大事(外面也做得好)。这种人才气高,是在用他的聪明去做事,但毕竟凤毛麟角。《中庸》一文,说小的地方,是讲一个人独处的时候要谨慎(谨独),讲话要谨慎(谨言),行为举止要谨慎(谨行);讲大的地方,则是讲周武王、周公把孝道做到了极致,筹划、管理天下大事,等等。没有只讲大事不讲小事的。小事,就是大事的征兆和凭据。所以,还是要谨行、谨言,从小处做起,才能成就大事业。

小立课程,大作工夫。(《语类》卷八)
工夫要趱,期限要宽。(《语类》卷八)
宽着期限,紧着课程。(《语类》卷一〇)

"课程"有两个意涵,一是指读书学习的计划(包括内容、进度、数量)。朱子认为,制定课程不要求多求快,可以先制定较小的计划,但是却要下大的工夫。下工夫时,要有逼迫感,要紧张,但是读书的期限要放宽,不要急迫。"课程"的第二个意涵是指考核。朱子认为,读书计划的期限要放宽,但是考核、督促要具体、严格。

故今为贤者计,且当就日用间致其下学之功。读书穷理,则细立课程,奈烦着实,而勿求速解;操存持守,则随时随处,省觉收敛,而毋计近功。如此积累,做得三五年工夫,庶几心意渐驯,根本粗立,而有可据之地。不然,终恐徒为此气所使,而不得有所就也。(《文集》卷六三《答孙仁甫》)

对那些心气很高的人(有能力的人一般都心气高,有傲气),朱子强调要从"下学"做起。"下学",就是日常生活的方方面面,就是做人处事的琐事细节。"下学",还包括"读书穷理"和"操存持守"。他说,读书、研究,就应该要详细规定内容、数量、进度及时间的安排,耐心踏实,而不要贪多求快;修养身心、坚守节操,就应当随时随地注意,警醒收敛不放纵,不要计较能否马上就收到成效。这样积累了三五年,大概就可以把自己的心意渐渐地训练好,做人、为学、处世的根本就大致确立了,你在这世界上就有了立足之地了。如果不这样下"下学"的工夫,恐怕最终会受到自己高傲心气的拖累,而一无所成。

未知未能而求知求能之谓学,已知已能而行之不已之谓习。(《语类》卷二〇)

学是学别人,行是自家行。习是行未熟,须在此习行之也。(《语类》卷二〇)

读书、讲论、修饬,皆要时习。(《语类》卷二〇)

《论语》开篇明义:子曰:"学而时习之,不亦说乎?"朱子解释说,还不懂、还不能,所以去弄懂它,学会它,这就叫做学;已经懂了,已经会了,却不断地、反复地复习、实践,这叫习。学,是向别人学;行,是自己做。习,是因为做得还不熟练,所以必须反复地练习。朱子认为,讲习、讨论(读书、讲论)和自我修养,都需要下"时习之"的工夫。

学者为学,未问真知与力行,且要收拾此心,令有个顿放处。若收敛都在义理上安顿,无许多胡思乱想,则久久自于物欲上轻,于义理上重。……见得义理自端的,自有欲罢不能之意,其于物欲,自无暇及之矣。(《语类》卷一二)

求学问道,不管是想要求得真知还是想要付诸实践,都必须做到把自己的心管控好,让它有个安顿的地方。如果能把自己的心收敛起来,安顿在义理上,不胡思乱想了,久而久之就会把物欲看轻而把义理看重。一个人,把义理看明白、想清楚了,自然会有追求义理而欲罢不能的愿望,物质享受的欲望也就无暇顾及了。

夫人无英气,固安于卑陋而不足以语上;其或有之而无以制之,则又反为所使,而不肯逊志于学,此学者之通患也。所以古人设教,自洒扫、应对、进退之节,礼、乐、射、御、书、数之文,必皆使之抑心下首以从事于其间而不敢忽,然后可以消磨其飞扬倔强之气,而为入德之阶。今既皆无此矣,则唯有读书一事,尚可以为摄伏身心之助。然不循序而致谨焉,则亦未有益也。(《文集》卷六三《答孙仁甫》)

人如果没有一点英迈豪壮的志气、勇气,那只能是安于卑弱、庸俗而无法和他谈向上奋发的事。但是有些人胸怀英气却不知自我控制,那又反而会被英气所绑架,而不肯虚心谦让地读书学习。这是读书人的通病。所以,古人设计的教育,从打扫卫生、和人打交道、处事进退的礼节,到学习礼仪规范(礼)、音乐(乐)、射箭(射)、驾车(御)、书法(书)、数学(数),一定要使他们抑制住自己的心志,放下身段在这些科目中间认真学习而不敢有所懈怠,这样才可以把他们的飞扬倔强之气消磨掉,其实是为他们架设了一条通向完美德性的阶梯。既然现在这一套全都没了,那也就只有读书这一条道还可以帮助治愈他们身心之病了。然而,如果不能做到循序渐进、谨严专注,也是没有用的。

勿谓今日不学而有来日,勿谓今年不学而有来年。日月逝矣,岁不我延。呜呼老矣,是谁之愆?(《遗集》卷四《劝学文》)

这是朱子写的一篇短文,叫《劝学文》。他告诉我们,学习要有紧迫感,不能拖拉,不能推延。时间过得很快,岁月不会为了我而延缓。等到老了,一事无成,那又能怪罪谁呢?

今之学者不知古人为己之意,不以读书治己为先而急于闻道,是以文胜其质,言浮于行,而终不知所底止。(《文集》卷四五《答欧阳庆似》)

朱子认为,读书学习有"为己"与"为人"的区别。"为己",就是读书是为了提升自己的修养和改变自己的气质;"为人",

就是为了要求别人、改变别人。朱子认为，遗憾的是很多人都不知道这个道理。现在人读书不是为己，而是急于学到知识（闻道），所以他们的文化知识很好，但内在的品格和修养却不够，言行不一。这样的人到最后也不知道自己是在干什么。

学问之道，不敢自是，虚以受人，乃能有益。（《文集》卷四六《答方耕道》）

世上有一种人，心下自不分明，只是怕人道不会，不肯问人。（《语类》卷一三二）

读书学习，不能自以为是。虚心地向别人学习，才能得益。世上有这样一种人，明明心里还没有弄懂，却怕别人说他不会，不肯去请教别人。

"下学而上达"，每学必自下学去。（《语类》卷四四）

圣人只是理会下学，而自然上达。（《语类》卷四四）

"下学而上达"是孔子在《论语·宪问》里提出的概念。朱子引用程子的话解释说，所谓"下学"，就是"下学人事"；所谓"上达"，就是"上达天理"。又说："下学者，事也；上达者，理也。"朱子认为，"下学"是"上达"的基础，"上达"是"下学"的升华。所以他强调读书、修养必须先从学会具体的做人、做事开始，"下学"的工夫做不好，你不可能"上达"。相反，"下学"的工夫做好了,则可以自然"上达"。所以他又说:"下学"、"上达"虽是两件事,但从道理上看却是一件事,"下学是事,上达是理。理在事中,事不在理外。一物之中,皆具一理。就那物中见得个理,便是上达。"朱子反对空头理论,反对不切实际的教条,认为理论只有在实践中才能抽象出来。

穷理之要,必在于读书。读书之法,莫贵于循序而致精,而致精之本,则又在于居敬而持志。(《文集》卷一四《行宫便殿奏札二》)

读书,是获取知识和道理的主要途径。那么我们应该怎么读书呢?循序渐进和精益求精是最基本、最可靠的方法。要做到精益求精,又必须专一而心无旁骛(居敬),并且坚守住自己的目标和意志(持志)。

学之之博,未若知之之要;知之之要,未若行之之实。(《语类》卷一三)

善在那里,自家却去行他。行之久,则与自家为一。为一,则得之在我。未能行,善自善,我自我。(《语类》卷一三)

在学、知、行的关系上,朱子强调行。他认为,学问广博,不如掌握知识的要点重要;掌握知识的要点,不如切实践行重要。比如一个"善"字,它是客观存在在那里的,问题是自己要去做——行善。好事做久了,善就和自己合二为一了,善就成了自己的一种自然而然的行为方式了。如果你不去做,那么,"善"是一回事,"我"又是一回事,两者永远是分开的。

"学"之一字,实兼致知、力行而言。（《文集》卷四五《答虞士朋》）

"学",只是一个字,但其实它既包含着知识的学习(致知),也兼含着实践、践履、行动(力行)。二者不可或缺,否则就不是学。

知、行常相须,如目无足不行,足无目不见。论先后,知为先;论轻重,行为重。（《语类》卷九）

知和行,两者是互相依赖的关系。就像眼睛,如果没有脚就行走不了;同样,脚如果没有眼睛就什么也看不见。如果要论二者哪个在先哪个在后,那么知应该在先,有了知才会有行;但是如果要论二者的重要程度,那么行更重要。

诵说虽精而不践其实,君子盖深耻之。（《文集》卷四三《答林充之》）

书读得很熟,分析得头头是道,但是却不去履行、实践这些道理,这是君子深以为羞耻的事情。

为学之实固在践履,苟徒知而不行,诚与不学无异。（《文集》

卷五九《答曹元可》)

真实的、不虚妄的学习,根本在于践行和实践,如果知道了、懂得了,却不实行,那就和不学没有什么区别了。也就是说,知而不行,等于不学。

为学不厌卑近,愈卑愈近,则功夫愈实而所得愈高远。其直为高远者则反是。(《文集》卷五三《答胡季随》)

学习不能好高骛远(厌恶、不重视基础的、浅近的知识和技能),越是重视基础知识和基本技能,工夫就越扎实,从而能使你得到更高深的知识。而那些好高骛远的人,恰恰相反。

学贵"时习",到"时习",自然"说"也。……须是心心念念在上。(《语类》卷一二一)

无一事之不学,无一时而不学,无一处而不学。(《语类》卷六二)

孔子说:"学而时习之。"朱子说,学习贵在时时温习、复习,应该要使自己的心思、精力都集中在所学的事情上。每事、每时、每处都是可以从中学到知识和本领的。

天下之物莫不有理,而其精蕴则已具于圣贤之书,故必由是以求之。然欲其简而易知、约而易守,则莫若《大学》、《论

语》、《中庸》、《孟子》之篇也。(《文集》卷五九《答曹元可》)

天下万事万物,没有不循某种事物的规律和道德的原则(理)的,但其中精深的意蕴都已经包含在圣贤们的著作里了,所以必须通过读他们的书而去求得。但是如果想要简便而又容易懂得,简要而又容易实行和坚守,那么没有像《大学》、《论语》、《中庸》、《孟子》这四本书的了。这就是所谓的"四书"。这是朱子建构的新的儒学的经典系统。值得注意的是朱子对这四本书的排序,他认为,"四书"应该按照这样的顺序来研读。

学问亦无个一超直入之理,直是铢积寸累做将去。某是如此喫辛苦,从渐做来。(《语类》卷一一五)

做学问没有一下子超越或不经过曲折就取得成功的道理,也是一点一点、一寸一寸积累起来的。我就是这样辛辛苦苦,逐步积累做出来的。

孔子曰:"古之学者为己,今之学者为人。"又曰:"女为君子儒,无为小人儒。"此是古今学者君子、小人之分,差之毫厘、缪以千里处。(《文集》卷五八《答宋深之》)

朱子说,孔子讲:"古人读书学习是为了充实自己的学问,改变自己的气质。现在的人读书,是为了改造别人,要求别人。"孔子又说:"你们要做君子样的儒者,不要做品行低下的儒者。"这就是古人读书和今人读书的区别,也就是君子和小人的区别。两种人,两种读书目的,差别在毫厘之间,但相去却有十万八千里。

然尝谓人之为学,若从平实地上循序加功,则其目前虽未见日计之益,而积累功夫,渐见端绪,自然不假用意装点,不待用力支撑,而圣贤之心、义理之实必皆有以见其确然而不可易者。至于讲论之际,心即是口,口即是心,岂容别生计较,依违迁就,以为谐俗自便之计耶?今人为学既已过高而伤巧,是以其说常至于依违迁就而无所分别。盖其胸中未能无纤芥之疑有以致然,非独以避咎之故而后诡于词也。(《文集》卷三八《答陈君举》)

读书学习,如果能够脚踏实地、循序渐进地下工夫,虽然眼前看不到每一天的收效,但是长期积累下去,就渐渐可以看到头绪了。这样,自然就不需要刻意地装模作样,去表现自己的才学,也不须费尽力气去强装自己有学问,而圣贤们的思想、学问、道理就一定能确确实实地了然于心了。至于说到讲话、表达、演讲之类,也能做到心里想的嘴巴就能表达出来,嘴巴里讲的也就是心里所想的,哪里还需要另外去找窍门,模棱两可地去迁就别人,去讨好世俗呢?现在的人,学习的态度和方法要么好高骛远,要么投机取巧,所以他们的言论常常和模棱两可、讨好迁就区分不开。这都是因为他们自己还没有彻底弄明白（未能无纤芥之疑），绝不仅仅是为了怕犯错而花言巧语地诡辩。

所谓学者，果何学也？盖始乎为士者，所以学而至乎圣人之事。伊川先生所谓"儒者之学"是也。盖伊川先生之意曰，今之学者有三：词章之学也，训诂之学也，儒者之学也。欲通道，则舍儒者之学不可。尹侍讲所谓：学者，所以学为人也，学而至于圣人，亦不过尽为人之道而已。此皆切要之言也。（《文集》卷三二《答张敬夫问目》）

《论语》的第一章题为"学而"，是古人取这一章文字的头两个字做篇名，并没有什么特殊的意义。但是朱子认为，对一个"学"字还是要先讲清楚。什么是"学"呢？学什么呢？他说，就字义而言，"学"就是把"己之未知未能"变成"知之能之"的过程；就事理而言，"学"就是"凡未至而求至"，即从达不到到达到的过程。问题的关键在究竟该学什么。他认为，学应该从士（一般是指读书人，即知识分子）开始，就是学如何成为一个圣人、如何成就圣人的事业。这就是程颐所说的"儒者之学"。他说，根据程颐的说法，现在的所谓学有三种：一是"词章之学"，就是学习写作诗文；二是"训诂之学"，就是学习如何释读古代的文字；第三就是"儒者之学"。而想要通晓"道"，那么离开"儒者之学"就是不可能的。朱子进一步引用北宋大儒尹焞的话说：什么是学呢？学就是学怎么做人，即使你学成了一个圣人，也不过是尽了为人之道而已。朱子说他们的话非常重要，"皆切要之言也"！当然，在朱子的如何读书为学的整个理论体系中，学的内容除了学做人之外，还有很多其他的内容，比如所谓"道"，还指天地之道、治国之道、人伦之道、心性之道等等，但是朱子一贯强调教育的首要目标或者说重要目标，就是"成人"——使受教育者成为一个人格高尚、心智健全的人。用今天的话来说，就是重视德育。学习如何成圣、成贤的过程，实质上就是引导学生形成正确的世界观、人生观、价值观的过程。

古之君子，"尊德性"矣，而必曰"道问学"；"致广大"矣，必曰"尽精微"；"极高明"矣，必曰"道中庸"；"温故知新"矣，必曰"敦厚崇礼"。盖不如是，则所学所守必有偏而不备之处。……盖所谓德性、广大、高明、知新者必有所揩，而所谓问学、精微、中庸、崇礼者又非别为一事也。《文集》卷三七《与王龟龄》

《中庸》第二十七章讲："故君子尊德性而道问学，致广大而尽精微，极高明而道中庸，温故而知新，敦厚以崇礼。"朱子说，这是讲了做人的道理。"德性"，就是人所固有的向善的天性、义理之性。"尊"，就是尊崇、奉持、发明、坚守。问学，就是学习、实践、探究。"道"，就是由，就是通过某种途径而达到某种目的。"尊德性而道问学"的意思是说,我们要尊崇、发明自己向善的本性,但是这要通过学习、实践而获得。"致广大",是讲心胸开阔,不被一丝一毫的私意所蒙蔽;"尽精微",是说分析事理精审入微,没有毫厘之差。"极高明",是说思想观念达到最高或很高的境界;"道中庸"是说处事、为学恰到好处,既不欠缺也不过分。"温故知新",朱子说"温故"是要"涵泳乎其所已知",就是要对已经学到的知识、道理,反复温习体悟;"知新"是在此基础上学习新的知识。"敦厚","厚",指朴实而不浮华,"敦",指加厚,即把厚做得更扎实;"崇礼",就是崇尚礼义,即用礼义来约束自己。

朱子认为这五组关系中,第一对关系(尊德性而道问学),是最主要的关系,是其他四句的纲领,其他四组关系都是为它服务的。"尊德性"所以能致广大、极高明、温故、敦厚;"道问学",所以能尽精微、道中庸、知新、崇礼。而在第一对关系中"尊德性"又是关键所在,它是所有活动的最终目的——发明我们向善的本性。但是他同时又指出,这每一对关系互补互成,应该是齐备而不可偏废的;在处理这五对关系时,最常见的错误是把每对关系中的前后两件事对立起来或分割开来。他说,这五句话,每句话的上半截是"纲",是"意";下半截是"细密工夫",是"事"。就是说它们是"意"与"事"的结合,是互相为用的。如果把它们割裂开来了,"意"就是空洞的教条,"事"就是无目的的运动,那就前后失据了。而如果只在一个侧面着力(如只强调"尊德性"而忽略"道问学"),则会把人引向歧途。他总结说:"故此五句,大小相资,首尾相应,圣贤所示入德之方,莫详于此,学者宜尽心焉!"

科举累人不浅,人多为此所夺。但有父母在,仰事俯育,不得不资于此,故不可不勉尔。其实甚夺人志。(《语类》卷一三)

朱子对科举考试持批判态度,但是他也不是全盘抹杀科举制度。比如他说,知识分子为了养家糊口,上要赡养父母(仰事),下要养育子女(俯育),不得不有求于此,这是可以理解的。他的批判主要集中在这一制度设计上的漏洞:"甚夺人志"——把人的志气消磨掉了。有一次,他对学生说,其实不是科举拖累了人,而是人拖累了科举。如果是真正有见识的人,认真读圣贤的书,根据我自己的真知灼见写出文章来应对考试,把是否中举的得失利害置之度外,就是天天参加科举考试也不会受科举之累。他说,生活在今天这个社会,就是孔子再世,也不免要去应举,"然岂能累孔子邪?"这个世界,自有一些不会被外物所累的人,他们不须花很大的气力来为应付科举而烦恼。他说:"某于科举,自小便见得轻。"这倒不是因为自己有如何高的境界,只是天生就不喜欢。他举例说,有些人天生不喜欢喝酒,看到酒就厌恶,并不是知道酒会为害。又比如,有些人天生不好色,也不是他懂得好色会如何如何,他就是天生觉得那东西无关紧要。对这些人来说,科举之事,顺其自然而为之,志气不会为之所夺。但是,对更多不具备这种"天资"的人来说,那就要下点功夫去克服沉溺科举而被科举所累的毛病了。被科举所累,最有名的故事就是"范进中举",当然那是朱子以后好几百年的事了,可是好几百年不依然在拖累着读书人吗?看来,范进一生只读时文,而没有读过朱子的书。结果,中举了,人也废了。何苦呢?

公且道不去读书,专去读些时文,下梢是要做甚么人?赴试屡试不得,到老只恁地衰飒了,沉浮乡曲间。若因时文做得一个官,只是恁地卤莽,都不说着要为国为民兴利除害,尽心奉职。心心念念,只要做得向上去,便逐人背后钻刺,求举觅荐,无所不至。(《语类》卷一三)

这是朱子对一个一心想通过钻研应付科举考试的文章(时文)而求得一官半职的人讲的一段话。他说,你不好好读圣贤的书,专门去读时文,最后(下梢)是想要做个什么样的人呢?有很多人,一次次参加科举考试,屡试不中,考了一辈子,最后衰老了,在乡下随波逐流。如果因为时文写得好,做上了官,但是他因为没有好好读过圣贤的书,不知道如何为人,如何为官,如何处事,既愚钝又粗鲁,根本不可能尽心尽职地为国为民兴利除害了。这些人,心里念念不忘的只是如何向上爬,跟在别人屁股后面钻营门路,求官买官,什么手段都用得出来。看来,当年的社会风气和我们今天很相似,读书是为了做官,做了官还想往上爬,于是不择手段、恬不知耻。

专做时文底人,它说底都是圣贤说话。且如说廉,它且会说得好;说义,它也会说得好。待它身做处,只自不廉,只自不义,缘它将许多话只是就纸上说。廉,是题目上合说廉;义,是题目上合说义,都不关自家身己些子事。(《语类》卷一三)

时文,就是应付科举考试的文章。科举考试的标准答案,都是儒家的经典,为了写好时文,熟读儒家经典并能娴熟运用是基本功。所以朱子说,举子们写时文,文章里讲的都是圣贤的话。比如讲廉,说义,他们都能讲得头头是道。但是一旦落实到自己身上,却是根本不廉洁,也根本不正义了。这是因为,他们讲廉,说义,只是在纸上写写而已。讲廉,是因为题目要求讲廉;说义,是因为题目要求说义,与自身的行为、操守一点关系也没有。朱子说:"圣贤千言万语,只是教人做人而已。"科举考试训练出来的人,没有一个是不会谈孝悌忠信的,但是真正做起来却又是另一回事了。所以他批评科举考试使读书人把学和做分裂了。他指出,"若举而反之于身,见于日用,则安矣"——如果能把学到的反身要求自己,落实在日常生活中,那

十二 为学

就可以安于科举考试了。

大抵今之学者之病,最是先学作文干禄,使心不宁静,不暇深究义理,故于古今之学、义利之间不复能察其界限分别之际,而无以知其轻重取舍之所宜。所以诵数虽博,文词虽工,而只以重为此心之害。(《文集》卷五八《答宋泽之》)

朱子认为,读书的目的不是为了"干禄"——求取功名利禄,而是为了求得义理——明白修身、齐家、治国、平天下的道理。可是现在的教育,一切从功利的目的出发,最先学习的就是如何写科举考试的文字,弄得学生急功近利,心绪浮躁(心不宁静),根本没有时间去深入地学习、研究关于世界观、人生观、价值观等这些最根本的问题,所以他们就不会明白"古今之学"("古之学者为己,今之学者为人")的道理,也不会明白"义利之间"("君子喻于义,小人喻于利")的道理。"为己"(读书学习是为了自身的修养,改变自己的气质)和"为人"(为了要求和改变别人)的区别分不清了,义和利的界限分不清了,面对世事也就不可能有正确的选择了(轻重取舍之所宜)。这样的人,即使他能背诵再多的文章,学问再广博,文字再漂亮,也只会使他的思想受到更多的妨害。

十三 读书法

某要人先读《大学》，以定其规模；次读《论语》，以立其根本；次读《孟子》，以观其发越；次读《中庸》，以求古人之微妙处。《大学》一篇有等级次第，总作一处，易晓，宜先看。《论语》却实，但言语散见，初看亦难。《孟子》有感激兴发人心处。《中庸》亦难读，看三书后，方宜读之。

十三 读书法

读古人书,直是要虚着心,大着肚,高着眼,方有少分相应。若左遮右拦,前拖后拽,随语生解,节上生枝,则更读万卷书亦无用处也。(《文集》卷四八《答吕子约》)

读古人的书,一定要保持谦虚的态度和敬畏之心,敞开胸怀去包容和接纳,眼界要高,这样才能有所收获。如果只是就我所需跳着去读(左遮右拦),有选择地去读(前拖后拽),按照字面意思去理解(随语生解),强解杜撰(节上生枝),那么,就是读了再多的书也是没有用处的。

余尝谓读书有三到,谓心到、眼到、口到。心不在此,则眼看不子细,心眼既不专一,却只漫浪诵读,决不能记,记亦不能久也。三到之中,心到最急。心既到矣,眼口岂不到乎?(《童蒙须知》)

我曾经讲过,读书要做到"三到",就是心要到、眼要到、口要到。思想不集中(心不在此),那么眼睛就不可能看仔细。心和眼既然不专一,只是嘴巴在那里随随便便地诵读,是绝不可能记住的,即是暂时记住了也不可能长久。"三到"之中,"心到"最重要。心到了,眼睛和嘴巴会不到吗?

大抵人要读书，须是先收拾身心，令稍安静，然后开卷，方有所益。若只如此驰骛纷扰，则方寸之间自与道理全不相近，如何看得文字？今亦不必多言，但且闭门端坐半月、十日，却来观书，自当信此言之不妄也。（《文集》卷六三《答周深父》）

读书，首先要收拾身心——把自己的思想、意识、精神、注意力集中起来，保持一种安详宁静的心理状态，这样读书才会有收获。如果思想不集中，脑子跑马，精神被各种信息所干扰，那么你的心完全不可能去亲近书本上的道理，书怎么读得进呢？朱子说，这个道理很简单，根本不需要多解释，你只要把自己关在家里（隔离与外界的纷扰），集中思想，安安静静地端坐十天半月，再来读书，自然会相信我说的不是假话。

循序而渐进，熟读而精思。（《文集》卷七四《读书之要》）

读书的方法，一是循序渐进，不能走捷径，不能图快。一是熟读精思。熟读，就是不能囫囵吞枣，而要了然于心。精思，就是不能一知半解，而要深入思考。

读书别无法，只要耐烦子细是第一义也。（《文集》卷四九《答陈肤仲》）

读书，须痛下工夫，须要细看。心粗性急，终不济事。（《语类》卷一九）

朱子认为,读书的第一要义是耐心和细心,不能心急,不能大而化之。他在另一个地方说,读一本书,要"字字考验,句句推详,上句了,然后及下句,前段了,然后及下段"。他反对"贪多务广,灭裂卤莽"。

读书不可贪多,今当且以《大学》为先,逐段熟读精思,须令了了分明,方可改读后段,如此庶易见功,久久浃洽通贯,则无书不可读矣。(《文集》卷五四《答王季和》)

朱子非常注意读书的质量,所以他反对囫囵吞枣、贪多求快。他认为读书要"逐段",就是要循序而进,按照书本自身的逻辑结构运动,这样才不会打断或搞乱知识、理论固有的体系。他还强调"熟读",就是不能粗枝大叶、浅尝辄止,而要成诵于口,要烂熟于心。但是,读书也不是只要记住就好,还必须"精思",就是要思考,要分析,要综合,要比较,要研究。这样读书才能"见功",久而久之就可以做到融会(浃洽)贯通(通贯)。朱子认为,读《四书》应该先读《大学》,然后是《论语》、《孟子》,最后是《中庸》。这反映了朱子心目中儒家经典知识的逻辑结构,也是他认可的一条入门路径。

今人读书务广而不求精,是以刻苦者迫切而无从容之乐,平易者泛滥而无精约之功。两者之病虽殊,然其所以受病之源

则一而已。《文集》卷四七《答吕子约》

现在人读书,只知道追求多而不知道追求精,因此,那些刻苦的人急于求成地翻阅而失去了从容不迫的快乐,那些悠闲的人不着边际地浏览却不懂得精深和抓住关键。这两种毛病表现不同,但它们的病因却是一样的。

学者当自博而约,自易而难,自近而远,自下而高,乃得其序。《文集》卷四一《答程允夫》

"自博而约",就是广泛宏博地吸纳各种知识,把知识面拓宽,在这基础上才能归纳出最精要的关键点,从而进入专深。"自易而难",就是脚踏实地从最容易的东西做起,不要看不起简单的东西而不认真学习。"自近而远",就是不好高骛远,循序渐进地一步一步向前走,不要还没学会走,就想要跳。"自下而高",就是打好基本功,由此进阶,才能有所成就。朱子认为,这是读书学习必须遵循的秩序,不能超常规发展,不能跳跃式前进。

读书无疑者,须教有疑;有疑者,却要无疑。到这里方是长进。《语类》卷一一)

读书,始读未知有疑,其次则渐渐有疑,中则节节是疑。过了这一番后,疑渐渐减,以至融会贯通,都无可疑,方始是学。

(《语略》卷六)

读书贵有疑。无疑的人要让他有疑,有疑的人要让他无疑。无疑的人有了疑,或是因为发现了知识的缺失,或是因为他有了更深的思考。有疑的人无疑了,或是说明他把知识链中的缺失补上了,或是因为他的认识又上了一个新的层次。这样才是长进,这样才称得上善于学习。

"学者读书,须是于无味处当致思焉。至于群疑并兴,寝食俱废,乃能骤进。"因叹:"'骤进'二字,最下得好,须是如此。若进得些子,或进或退,若存若亡,不济事。如用兵相杀,争得些儿小可一二十里地,也不济事。须大杀一番,方是善胜。为学之要,亦是如此。"(《语类》卷一〇)

杨时的学生兼女婿李郁讲过这样一段话:学者读书,读到没有感觉的时候更应该着力思考。等到了疑问不断出现,进入了废寝忘食的地步,才能有一个质的飞跃(骤进)。对此,朱子非常赞赏,他感叹说:"骤进"这两个字用得真好。如果只是进步一点,或是有进有退,若存若亡,都解决不了问题。就像打仗,争得个一二十里地,不能决定胜负。一定要大杀一番,才能决胜。读书为学,也是这个道理。

读书遗忘,此士友之通患,无药可医。只有少读深思,令其

意味浃洽,当稍见功耳。《文集》卷四三《答陈明仲》

读过的东西怎么才能记住?这其实不是关于记忆技巧的问题——所谓"无药可医"也。无药可医也就是没有捷径的意思。朱子给出的方法是"少读深思",即一不能贪多,二要理解。怎样才能加深理解呢?关键是"浃洽"两个字:浃,就是要浸透,不能浮光掠影;洽,就是要融通,不能一知半解。

今人读书不广,索理未精,乃不能致疑而先务立说,此所以徒劳苦而少进益也。《文集》卷八一《跋李少膺胜说》

读书不广是做学问的大忌。研究一个问题,如果不把与这个问题有关的著作、论文通读一过,恐怕你很难有发言权。但是该读过的书都读过了,并不能代表你对这个问题就有了真知灼见,你还必须对这个问题进行深入的研究、思考,找出它的规律、问题等。这样你才能"生疑"——发现问题之所在。有了疑问就找到了解决问题的门。最怕的是还没有找到门,就自以为是地发表意见、高谈阔论。这样做必然徒费气力,劳而无功。

循下学上达之序,口讲心思,躬行力究,宁烦毋略,宁下毋高,宁浅毋深,宁拙毋巧,从容潜玩,存久渐明,众理洞然,次第无隐,然后知夫大中至正之极、天理人事之全,无不在是。《文集》卷三〇《答汪尚书》

孔子说:"不怨天,不尤人,下学而上达。"朱子认为,这是孔子揭示了读书学习必须循序渐进的道理:"学其事而通其理。"所谓"下学",即是学事;所谓"上达",即是学理。"上达"是从"下学"开始的,所以,学习必须从身边日常人情事理的基本常识开始。这也就是古人常说的"切问而近思"的意思。"口讲心思",讲的是读书要诵读,要讨论,并在此基础上思考、研究、辨析。"躬行力究",讲的是要付诸实践,要亲身践履,要下力气去探究和追问。"宁烦毋略"、"宁下毋高"、"宁浅毋深"、"宁拙毋巧",讲的是要踏踏实实,不能投机取巧,不能走捷径,抄近路。"从容潜玩",讲的是读书的态度和心理状态:不能急功近利,急于求成,要耐下性子,心态平和、从容不迫地读书学习。"潜",指深入,不是浮光掠影;"玩",指反复,不是浅尝辄止。这样读书,假以时日,就一定会"众理洞然",那么,世上最深奥、高明的道理,关于天理和人事的一切法则,就没有不在你的把握之中了。

大抵所读经史,切要反复精详,方能渐见旨趣。诵之宜舒缓不迫,令字字分明。更须端庄正坐,如对圣贤,则心定而义理易究。不可贪多务广,涉猎卤莽,才看过了,便谓已通。小有疑处,即更思索,思索不通,即置小册子逐日抄记,以时省阅,俟归日逐一理会。切不可含糊护短,耻于资问,而终身受此黯暗以自欺也。《文集》卷三九《与魏应仲》)

这是朱子给一个朋友的孩子写的一封信。信中详细地交代了如何读书的问题。朱子告诉这个孩子,阅读经典,要点是"反复"和"精详"。所谓反复就是不能只读一遍,匆匆浏览,而是要多次阅读。他认为,只有这样才能慢慢地读出书中的旨趣来。另外,朱子提倡经典要诵读,即要读出声音来(不是默读)。诵读时要舒缓,从容不迫,不能太快,一个字一个字要咬清楚。他反对读书贪多,反对读书务广,东看看西看看,粗枝大叶,翻了一下就说已经看懂了,弄通了。读书碰到疑问的地方,一定要深入思考,思考了依然不懂,就应该记录在笔记本上,不时地拿出来查阅,等到回家的时候再一一查考、询问。对弄不懂的问题切不可含含糊糊地不懂装懂,怕难为情而不肯请教询问。这样做无异于终身被蒙蔽在黑暗中,实际上是自己欺骗自己。另外,朱子对读书时的身体状态也有要求。他说,读书时要正襟端坐,就像是自己面对着圣人一样。这样做可以使自己保持一种安定平和、全神贯注的状态,有利于对义理的领会和研究。

起居坐立,务要端庄,不可倾倚,恐至昏怠。出入步趋务要凝重,不可票轻,以害德性。以谦逊自牧,以和敬待人。凡事切须谨饬,无故不须出入。少说闲话,恐废光阴。勿观杂书,恐分精力。早晚频自点检所习之业,每旬休日,将一旬内书温习数过,勿令心少有放佚,则自然渐近道理,讲习易明矣。(《文集》卷三

九《与魏应仲》

朱子在给友人孩子的信中,还专门谈到了行为规范和读书方法的问题。他说,日常生活中的一行一动,比如站和立,都要保持端正和庄重,不要歪歪斜斜,站没有站相,坐没有坐相,这是为了防止你精神懈怠、昏昏欲睡。进进出出,步伐要稳重,不要轻飘,这是为了防止仪态不端妨害了你内在的德性。要用谦虚、恭谨的态度来自我管束,以和睦、尊重的态度来对待他人。做任何事情都一定要仔细严谨,没有事情不随便出入。少说无聊的话,这样会浪费你的时间。不要看那些胡编乱造的书,这样会分散你的精力。每天早上和晚上都要检查一下一天的课业,每旬(古人是每十天为一个工作单位,称为"旬")休息的时候,要把这段时间学习的内容反复温习,不能使自己的思想、精神放纵和松懈下来,这样就自然会渐渐地进入最佳的学习状态,学习的效率也会大大提高。

读书须读到不忍舍处,方是见得真味。若读之数过,略晓其义即厌之,欲别求书看,则是于此一卷书犹未得趣也。盖人心之灵,天理所在,用之则愈明。只提醒精神,终日着意,看得多少文字,穷得多少义理。徒为懒倦,则精神自是愦愦,只恁昏塞不通,可惜!(《语类》卷一〇四)

读书要读到舍不得放下,才算是读出了味道。如果读了几遍,略微知道了一点意思就满足了,就去读别的书了,那么其实你还没有领会到这本书真正的意趣。天理在人的心里,人思维的能力是要用的,而且越用越明。只要我们把精神提起来,从早到晚不懈息,那么你读了多少书,就能得到多少知识。如果整天懒懒散散、打不起精神,那么,你的思想就会昏聩、混乱,头脑糊涂蔽塞,这就太可惜了!

体认是把那听得底自去心里重复思量过。伊川曰:"时复思绎,浃洽于中,则说矣。"某向来从师,一日间所闻说话,夜间如温书一般,字字子细思量过。才有疑,明日又问。(《语类》卷一〇四)

朱子教导学生读书学习,强调讨论、讲习不可或缺,但还需要"自去体认"。有学生问,什么是体认?朱子回答说:体认就是听到、学过的知识,要经过自己反复地思索考量。程颐说:"时时反复地思考推演,浸润于内心,就会得到学习的快感。"朱子说,他跟从老师读书,白天听到的老师的教诲,晚上一定会像温习书本一样,一句句、一字字仔细地思索考量。如有疑问,明天还要再次提问。

"浃洽"二字,宜子细看。凡于圣贤言语思量透彻,乃有所得。譬之浸物于水:水若未入,只是外面稍湿,里面依前干燥。

必浸之久,则透内皆湿。程子言"时复思绎,浃洽于中,则说",极有深意。(《语类》卷二〇)

朱子讲读书,经常用"浃洽"这个词。那么,什么是"浃洽"呢?他说,对于经典的著作,对于圣人的教导,一定要反复思量,做到彻底透彻的理解、掌握,这样读书才能真正有所收获。他怕人们还不能理解,就打了一个比方:比如把一件东西放到水里,如果水没有进入这件东西的内部,只是外面湿了,那么它里面一定还是干的。只有把它放在水里浸泡较长的时间,才能使它的内外都湿透。他说,程颐说过:"时复思绎,浃洽于中,则说。"这句话的意思非常深刻。"浃洽",是读书的一个高级境界,它要求读书的人能浸润到书本之中,又能把书中的知识内化为自己的认知,达到书、我一体。这里,"时复思绎",恐怕是个必须经历的过程。

某要人先读《大学》,以定其规模;次读《论语》,以立其根本;次读《孟子》,以观其发越;次读《中庸》,以求古人之微妙处。《大学》一篇有等级次第,总作一处,易晓,宜先看。《论语》却实,但言语散见,初看亦难。《孟子》有感激兴发人心处。《中庸》亦难读,看三书后,方宜读之。(《语类》卷一四)

朱子说,读"四书"应该先读《大学》。他认为,《大学》讲修身治人,这是决定人生格局的。其次读《论语》,《论语》讲了人生观、价值观、道德伦理等儒家基本的原则,这是立下了为人处世的根本。再次读《孟子》,可以看到孟子对孔子思想的发展和开拓。最后读《中庸》,可以看到古人对人性、天理等深层理论问题的探求和它的微妙之处。为什么要先读《大学》呢?这是因为《大学》的论述是有层次的,是一层一层递进的,而且问题集中,容易明白,所以要先读。《论语》很实在,内容丰富,但因为是语录体,叙述比较松散,问题不集中,所以初读也有点难度。《孟子》有一种感动人、激发人、启迪人的力量。《中庸》因为讲的是哲学层面的形而上的问题,比较艰深,所以应该在读了上面三本书之后再来理解品味,才合适。

熹尝闻之师友,《大学》一篇乃入德之门户,学者当先讲习,知得为学次第规模,乃可读《语》、《孟》、《中庸》。先见义理根原体用之大略,然后徐考诸经,以极其趣,庶几有得。盖诸经条制不同,功夫浩博,若不先读《大学》、《论》、《孟》、《中庸》,令胸中开明,自有主宰,未易可遽求也。《《文集》卷二六《与陈丞相别纸》》

朱子教人读书,很讲究读书的顺序(次第)。他认为,"四书"是每一个读书人都必须研读的儒家经典,这是一个基础性的阅读书目。而在"四书"中,他强调四本书阅读的次序应该是:《大学》—《论语》—《孟子》—《中庸》。为什么一定要先读《大学》呢?他说因为《大学》一书是进入儒家学术思想、认识儒家价值观的大门(入德之门户)。进了这个门,你才会知道儒学的基本内涵(为学次第)和概况(规模)。朱子强调读"四书",是因为他认为读书先要解决一个世界观、价值观和方法论的问题(先见义理根原体用之大略),这个问题解决了,人就会开悟和聪明(开明),心中才会有"主宰",再读其他的书,才会"庶几有得"。所以他说,这是顺序,要一步一步走,急不得。

读书若有所见,未必便是,不可执着。且放在一边,益更读书,以来新见。(《语类》卷一一)

学者不可只管守从前所见,须除了,方见新意。如去了浊水,然后清者出焉。(《语类》卷一一)

到理会不得处,便当"濯去旧见,以来新意"。(《语类》卷一一)

朱子强调读书不能固执"己见"和固执"已见"。他说,读书有了一点见解,未必就是正确的,切不可固执于己见。而应该把自己的见解放一放,继续读书,读更多的书,这样才能得到更多新的知识。另外,读书的时候也不能固守"已见"(即"成见",也就是朱子说的"从前所见"),只有抛却了"已见",才能得到新见。就像只有把河沟里污浊的水排除掉,清水才能流进来一样。张载说"濯去旧见,以来新意",朱子很欣赏这句话,说:"此说甚当。若不濯去旧见,何处得来新意?"

欧公言:"作文有三处思量:枕上,路上,厕上。"他只是做文字尚如此,况求道乎?今人对着册子时,便思量;册子不在,心便不在;如此,济得甚事?(《语类》卷一〇)

欧阳修说,他写文章,就是在睡觉的时候、走路的时候、上厕所的时候都在思考、构思。朱子说欧阳修讲的只是写文章,写文章尚且如此上心、用功,何况我们是要求道(人生之道、宇宙之道)呢?有些人对着书本的时候会思考,一离开书本,就不再思考了。这样,是求不得道的(不济事)。

学者读书,须要敛身正坐,缓视微吟,虚心涵泳,切己省察。(《语类》卷一一)

少看熟读,反复体验,不必想像计获。只此三事,守之有常。(《语类》卷一〇)

如何读书?朱子说首先要"敛身正坐",就是要收敛好身心,坐端正。这是读书前的准备:身体上的准备和心理上的准备。其实身体上的准备也是为了心理上的准备:如果不把自己的身心收敛好,思想不集中,意识不专注,书是读不进的。"缓视微吟",讲的是读书的方法:要慢慢地阅读,轻轻地吟诵。"虚心涵泳",进一步讲读书方法:弄清楚文字的含义以后就要"虚心",即不能有先入之见;"涵泳",即要反复琢磨、体会。最后是"切己省察",这是讲书中的道理弄清楚以后,还要联系自身和客观世界的实际,来体认、践履。

朱子还说,读书要守住三件事:第一,"少看熟读",即不能贪多,不能浅尝辄止。第二,"反复体验",即从书中得到的知识、道理,要在实践中反复地认识、体会,才能把书中的东西变成自己的东西。第三,"不必想象计获",即不能有功利之心,这书对我有用,可以立马见效,我才读。怀着功利之心读书,不可能真正学到东西,更不可能学得深、学得全、学得真。

读书须去里面理会。譬如看屋,须看那房室间架,莫要只去看那外面墙壁粉饰。如喫荔枝,须喫那肉,不喫那皮。公而今却是剥了那肉,却喫那皮核。读书须是以自家之心体验圣人之心,少间体验得熟,自家之心便是圣人之心。某自二十时看道理,便要看那里面。尝看上蔡《论语》,其初将红笔抹出,后又用青笔抹出,又用黄笔抹出,三四番后,又用墨笔抹出,是要寻那精底。看道理,须是渐渐向里寻到那精英处方是。如射箭,其初方上垛,后来又要中帖,少间又要中第一晕,又要中第二晕,后又要到红心。公而今只在垛之左右,或上或下,却不要中的,恁地不济事。须是子细看,看得这一般熟后,事事书都好看。便是七言杂字,也有道理。未看得时,正要去紧要处钻,少间透彻,则无书不可读。而今人不去理会底,固是不足说,去埋会底,又不知寻紧要处,也都讨头不着。(《语类》卷一二〇)

有一个学生问朱子,《论语》都是记录孔子与学生的问答,但是"尧曰"一章却是记录的尧、舜、汤、武的事情,为什么? 朱子解答了他的疑问,然后说,你读书的方法有问题。读书要抓住书中的精要之处,就像看房子一样,不能看外表,而要看内在的结构;就像吃荔枝,要吃肉而不是吃皮。那么,如何才能看到书的里面去呢? 他说,要用心,要用自己的心去体会、验证圣人的心,体验得熟了,自己的心就变成圣人的心了。他说这有一个反反复复、不断加深理解的过程。他介绍自己读北宋理学家谢良佐(人称上蔡先生)注释的《论语》一书时的方法:读一次用一种颜色的笔划出要点,经过三四次反复,渐渐寻出了要点(精英处)。这就像射箭一样,开始的时候射不中靶子,只能射在放靶子的草垛上,后来渐渐射中靶子(帖)了,再射中靶心的外圈(第一晕),再射中内圈(第二晕),最后射中了靶心(红心)。关键是要射中靶心,在靶子的外围折腾是没有用的。所以他说,读书要知道寻找"紧要处",否则,你就会摸不着头脑。

凡看文字,诸家说异同处最可观。某旧日看文字,专看异同处。如谢上蔡之说如彼,杨龟山之说如此,何者为得,何者为失,所以为得者是如何,所以为失者是如何。(《语类》卷一〇四)

朱子说,读书,各家观点的异同之处是最值得关注的。有一段时间,他看书就专门看那些有异同出入的地方。比如,谢良佐(人称上蔡先生)的说法是那样的,杨时(人称龟山先生)的说法是这样的,谁的说法有所得?谁的说法有所失?所得在哪里?所失又在哪里?这是朱子读书的一种方法:"看异同处"。古人说"读书有间","间"就是书中的空隙、漏洞、矛盾处,而"看异同处"恰是找到书中之"间"的一个好办法。

旧见李先生说"理会文字,须令一件融释了后方更理会一件"。"融释"二字下得极好。此亦伊川所谓"今日格一件,明日又格一件,格得多后,自脱然有贯通处"。此亦是他真曾经历来,便说得如此分明。今若一件未能融释,而又欲理会一件,则第二件又不了。推之万事,事事不了,何益?(《语类》卷一〇四)

李侗曾经对朱子说:"对文字的理解和领会,一定要把一个问题融释了以后再去处理另一个问题。"所谓"融释"就是融会贯通,没有一点疑问,就像是冰融解了,金属熔化了一样。朱子认为,老师的"融释"一词用得特别好。他说,这也是程颐说的,今天探究(格)一个问题,明天又探究一个问题,探究的问题多了,自然会到达一个超越的境界而融会贯通了。这其实就是一个从量变到质变的过程。朱子认为,这一定是程颐自己切身经历的体会,所以说得明白易懂。现在有些人,一个问题还没有"融释",就急着去处理第二个问题,那么第二个问题也会不了了之。由此推理,没有一件事是可以解决的。这于读书、处事,有什么好处呢?

"富与贵,不以其道得之",若曰是谄曲以求之,此又是最下等人。所谓得之者,便设有自到我面前者,吾知其有一毫不是处,也不可处。譬如秀才赴试,有一人先得试官题目将出来卖,只要三两贯钱,便可买得,人定是皆去买。惟到这里见得破,方是有学力。圣人言语,岂可以言语解过一遍便休了?须是实体于身,灼然行得,方是读书。(《语类》卷二六)

孔子说:"富与贵是人之所欲也,不以其道得之,不处也。"朱子解释说,"不以其道得之",是指"不当得而得之"。他进一步解释说,如果说是通过拍马屁、说别人坏话,用不正当的手段去求富贵,这种人是最下流的人。朱子认为,孔子说的"得之",还包括:假设有什么好事情自己跑到我的面前来了,而我自己知道这件事是有那么一点不干净的,那么我也一定不会去享用。他举了一个考试的例子,说如果有人出卖高考的试卷,很便宜,大家都去买。而只有真正看破利害关系的人才不会动心。由此,朱子又引申开去说,我们读圣人的书要身体而力行,不能刚读一遍以为懂了就行。内心体悟了(实体于身),立即去行动(灼然行得),这才叫读书。

十四 圣人·君子·小人

> 士之所以能立天下之事者,以其有志而已。然非才则无以济其志,非术则无以辅其才,是以古之君子,未有不兼是三者而能有为于世者也。

十四　圣人·君子·小人

圣人不知己是圣人。(《语类》卷一三)

圣人,是儒家理想中具有最高道德和修养的人。朱子说:"圣人万善皆备。"圣人具备人类所有的美德。这是说圣人的品行。又说:"圣人,神明不测之号。"圣人是具有深不可测的智慧、见识和能量的人。"圣者,大而化之。"圣人具有伟大的光辉,却见不到任何痕迹。这是说圣人的神圣和高超。"惟圣人全体浑然,阴阳合德,故其中和之气见于容貌之间如此。"圣人从头到脚,从内至外,浑然一体,阴阳在他的身上得到平衡,所以他的容貌表现出一种中和之气:"温而厉"(温和而严肃)、"威而不猛"(威严却不勇悍)、"恭而安"(谨慎有礼而安详)。这是说圣人的德行。"圣人于利害之际,则不待决于命而后泰然也。"圣人在利害攸关之际,能泰然处之,根本不会去考虑命运如何。"圣人之视天下,无不可为之时也。"圣人对于国家大事,总是抱着积极可为的态度,甚至"知其不可为而为之"。"圣人当行而行,无所顾虑。处困而亨,无所怨悔。"圣人认为应该做的就一定会去做,没有什么顾虑。不论是处于困境还是顺境,都无怨无悔。这是说圣人的担当和作为。所以,孟子说:"圣人,百世之师也。"圣人永远是人们的老师。但是,作为圣人的孔子却说,自己当不起"圣"和"仁"这两个称号,但是将会努力为之。不知道朱子说"圣人不知己是圣人"是不是受到孔子这些话的启发,不过,有一点是可以肯定的:说自己是圣人的一定不是圣人。同理,说自己是大师的也一定不是大师,说自己是什么家的也一定不会是什么家。

有圣人之资必好学,必下问。若就自家杜撰,更不学,更不问,便已是凡下了。圣人之所以为圣,也只是好学下问。舜自耕稼陶渔以至于帝,无非取诸人以为善。孔子说:"礼,吾闻诸老聃。"这也是学于老聃,方知得这一事。(《语类》卷一二一)

如果你有成为圣人的资质,一定是个喜爱学习的人,是个不耻下问的人。如果只会凭空杜撰,闭门造车,自己不学习,又不去向别人请教,那一定是个平庸之辈了。圣人之所以是圣人,就是因为他们喜爱学习,不耻下问。大舜,从学习开荒种地开始,向做陶器的人学习陶艺,向打鱼的人学习捕鱼,最后走上帝位,无非就是善于向众人学习他们的长处。孔子说:"我从老子那里听到很多关于礼的事情。"这也是向老子学习了,才懂得礼这方面的知识。

古之君子,思所以显其亲者,惟立身扬名之为足恃。是以不求诸人,而求诸己;不务其外,而务其内。(《文集》卷七五《送陈宗

之序》）

《孝经》说："立身行道，扬名于后世，以显父母。"这是孝的终极标准，也是君子们对父母养育之恩最好的报答。朱子认为，要达到这一目的，就必须做到孔子所说的"不求诸人"（不要总是要求别人如何如何），"而求诸己"（而应该严格地要求自己）；"不务其外"（不徒有外表的光鲜），"而务其内"（而应该谋求内在修养和气质的完善）。

君子小人所为不同，如阴阳昼夜，每每相反。然究其所以分，则在公私之际，毫厘之差耳。（《论语集注》卷一）

君子也是如此亲爱，小人也是如此亲爱；君子公，小人私。（《语类》卷二四）

君子小人之分，却在"诚其意"处。诚于为善便是君子，不诚底便是小人，更无别说。（《语类》卷一〇六）

君子与小人的所作所为是完全不一样的，就像是阴与阳、白天与黑夜的区别，处处相反。但追究一下所以不同的原因，就在于公与私之间，这种差别其实是很细微的，就在毫厘之间。有学生问："公私之际"、"毫厘之差"怎么理解？朱子打了一个比方说，就像君子讲要爱自己的亲人，小人也讲要爱自己的亲人，但是君子是出于公心，小人是出于私心。所以，君子、小人之分，就在"诚其意"（真实不欺、实实在在地出于诚心）。真实诚恳地做善事，就是君子；虚情假意地做善事，就是小人。没有别的可说。

大抵不私其身，慨然以天下百姓为心，此君子也；谋身之计甚密，而天下百姓之利害我不顾焉，此小人也。志在于为道，不求名而名自归之，此君子也；……辞气柔佞，切切然伺候人主之意于眉目颜色之间，此小人也。乐道人之善，恶称人之恶，此君子也；人之有善，必攻其所未至而掩之，人之有过，则欣喜自得，如获至宝，旁引曲借，必欲开陈于人主之前，此小人也。难进易退，此君子也；叨冒爵禄，蔑无廉耻，此小人也。（《文集》卷九五上《少师保信军节度使魏国公致仕赠太保张公行状上》）

如何区别君子与小人？朱子有一套标准：不谋一己之私利，无所吝惜地为老百姓谋利益的人，是君子；为自己的私利算计得很周密，但是对老百姓的利害全然不顾的人，是小人。有志于道义，不追求虚名，但是自然受到人民爱戴的人，是君子；话语阴柔，表情做作，迫不及待地在领导面前拍马屁、献殷勤的人，是小人。乐于褒扬别人的优点，不愿传播别人的坏处的人，是君子；见到别人的长处，一定要去攻击他的短处而把他的长处掩盖掉，看到别人犯了错误就欣喜得意，如获至宝，旁敲侧击地要让领导知道的人，是小人。很难让他争名逐利，却很容易让他谦虚退让的人，是君子；贪图地位金钱，毫无廉耻之心的人,是小人。

予尝窃推《易》说以观天下之人,凡其光明正大,疏畅洞达,如青天白日,如高山大川,如雷霆之为威而雨露之为泽,如龙虎之为猛而麟凤之为祥,磊磊落落,无纤芥可疑者,必君子也。而其依阿淟涊,回互隐伏,纠结如蛇蚓,琐细如虮虱,如鬼蜮狐蛊,如盗贼诅祝,闪倏狡狯,不可方物者,必小人也。(《文集》卷七五《王梅溪文集序》)

朱子说,自古以来最难的事莫过于能够正确地认识人。《易经》里把阳代表为君子,把阴代表为小人,就是用光明与阴暗来区分君子与小人的。朱子说,他自己用《易》的原理来观察世人,凡是做人光明正大,通情达理,让人舒服畅快,像青天白日一样明朗,像高山大川一样旷达,愤怒时像雷电一样威严,爱怜时像雨露一样滋润,他的勇猛就像龙和虎一样,他的慈祥又如麒麟和凤凰一样,磊磊落落,没有一丝一毫的隐瞒可疑,这样的人一定是君子。而那些曲从附顺、卑污懦弱的人,做事躲躲闪闪,隐藏在暗处,像蛇和蚯蚓那样纠结缠绕,像虱子和虫卵一样委琐卑微,像鬼魅、狐妖和毒虫一样,像强盗、小偷和巫师一样,闪烁其词,狡猾诡诈,让人看不清面目,这样的人一定是小人。

士之所以能立天下之事者,以其有志而已。然非才则无以济其志,非术则无以辅其才,是以古之君子,未有不兼是三者而能有为于世者也。《文集》卷七七《通鉴室记》

读书人所以能够有所作为,是因为他有远大的志向。但是,你如果不具备一定的才能,也就无法实现志向;你如果没有一定的知识储备和得当的方法,同样不能辅助才能的发挥。古代的君子,没有一个是不兼具这三种德行,却能在这个世界上取得成功的。

耻者,吾所固有羞恶之心也。存之则进于圣贤,失之则入于禽兽,故所系为甚大。《孟子集注》卷一三

什么是耻?耻就是我们与生俱来的对于丑劣的事情、现象的羞愧厌恶之心。人有了这心就可以向圣贤的方向进步,丢了这心就与禽兽没有区别了。所以,这件事和我们每个人的关系实在太大了。

羞恶之心,人所固有。或能决死生于危迫之际,而不免计丰约于宴安之时,是以君子不可顷刻而不省察于斯焉。《孟子集注》卷一一)

人人都有对丑陋和罪恶的事情感到羞愧厌恶的心。有的人能够在危难和紧急的关头置生死于度外,却免不了在平时斤

斤计较蝇头小利。所以,君子不可不时时审察和反省自己。

盖惟君子,然后知义理之所必当为与义理之必可恃。(《文集》卷一三《垂拱奏札二》)

只有君子,才知道一定要去做符合道义和天理的事情,也才知道道义和天理一定是可以依靠的。

"君子以慎言语,节饮食。"二者养德养身之切务。(《周易本义·象上传》)

君子讲话要谨慎,饮食要节制,这是涵养德性、保养身体最切实的事情。

十五 夫子自道

> 从容乎礼法之场,沉潜于仁义之府,是予盖将有意焉而力莫能与也。佩先师之格言,奉前烈之馀矩,惟阖然而日修,或庶几乎斯语。

十五　夫子自道

某十数岁时读《孟子》言"圣人与我同类者",喜不可言,以为圣人亦易做,今方觉得难。(《语类》卷一〇四)

孟子说:"圣人与我同类者。"朱子解释说:"圣人亦人耳,其性之善,无不同也。"朱子认为,圣人也是人,他们的"性"与我们每一个人都是一样的。所以我们都可以成为圣人。问题在于你想不想成为圣人。朱子显然是向往成为圣人的,他十几岁就有了这一雄心,所以看到孟子的话,感觉非常兴奋。但是,随着年龄阅历的增长,他才明白,要成为圣人谈何容易。能不能成为圣人是一回事,是不是向圣人的目标看齐、努力去做又是一回事。朱子是后者,他并不因为困难而退缩,一生都在向这个目标前进。朱子并不知道自己已经是圣人了("圣人不知自己是圣人"),但是人们都认为,他就是圣人。

某是自十六七时下工夫读书,彼时四畔皆无津涯,只自恁地硬着力去做。至今日虽不足道,但当时也是喫了多少辛苦,读了书。今人卒乍便要读到某田地,也是难。要须积累着力方可。某今老而将死,所望者,但愿朋友勉力学问而已。(《语类》卷一〇四)

朱子说:"某少时为学,十六岁便好理学,十七岁便有如今学者见识。"但是,朱子回忆少年读书的经历时感到最痛苦的是"四畔皆无津涯"——周围没有可以请教的人,也没有可以引导入门的书("津涯",指可以依靠、凭借的人或事),所以只能自己硬着头皮用功。现在回想起这些事,虽然并不值得夸耀,但确实是吃了很多苦头,才读了很多书。现在的人,要想在短时间里就达到我当年的水平,恐怕也不容易。关键是要肯积累、下苦功。我现在已经老了,不久于人世,我所期望于朋友们的只是努力学习、刻苦钻研罢了。这是朱子晚年对学生们的教导,他用自己切身的经历告诫大家,读书要下苦功。殷殷教导,令人动容。

某年十七八时读《中庸》、《大学》,每早起须诵十遍。(《语类》卷一六)

朱子读书非常刻苦,少年时读儒家的经典,每天早上每部经典都要诵读十遍以上。中年时依然刻苦,他说,当年读《论语·子张》时,为了思考一段文义,一连三四天熬夜到天明,"彻夜闻杜鹃声"。晚年时,只要得到一本没有读过的书,"必穷日夜读之",眼睛看得疼了都不停止。有时候,读得太累了,就叫学生帮他读,自己听。

熹少时犹颇及见前辈,而闻其馀论,靓其立心处己,则以刚介质直为贤;当官立事,则以强毅果断为得。至其为文,则又务为明白磊落,指切事情,而无含胡脔卷、睢盱侧媚之态,使读之者不过一再,即晓然知其为论某事、出某策,而彼此无疑也。近年以来,风俗一变,上自朝廷搢绅,下及闾巷韦布,相与传习一种议论,制行立言,专以酝藉袭藏、圆熟软美为尚,使与之居者穷年而莫测其中之所怀,听其言者终日而不知其意之所乡。回视四五十年之前风声气俗,盖不啻寒暑昼夜之相反。是孰使之然哉?(《文集》卷八三《跋余岩起集》)

朱子非常羡慕自己少年时所见到的前辈学者们的美德。比如,他们的胸怀和为人,以刚强、质朴、正直为美德;当官的立身和处事,以坚毅、果断、勇敢为准则。他们写文章,必定追求清楚干脆、错落分明,切中事情的要害,决不含含糊糊、掩掩藏藏(脔卷),也不故意混淆是非(睢盱)、阿谀奉承(侧媚)。他们的文章只要读一两遍,就能完全明白他们的观点、他们所叙述的事情的原委和他们的办法、对策。可是,近年以来,风气却发生了很大的变化。从上(朝廷:官员们。搢绅:士大夫)到下(闾巷:普通街道。韦布:平民百姓)相互传染,讲话、写文章以不痛不痒(蕴藉)、吞吞吐吐(袭藏)、柔媚委婉、雕饰文辞为时尚。使那些与他们相处的人,一年到头也不知道他们心里究竟想的是什么;听他们讲话,始终不明白他的意图在哪里。朱子感叹说,对比四五十年前的好风气,二者简直就像是冬天与夏天、白天与黑夜一样截然相反。他问:这样的变化究竟是谁造成的呢?

> 大抵伯恭天资温厚,故其论平恕委屈之意多;而熹之质失之暴悍,故凡所论皆有奋发直前之气。窃以天理揆之,二者恐皆非中道。但熹之发足以自挠而伤物,尤为可恶;而伯恭似亦不可专以所偏为至当也。《文集》卷三三《答吕伯恭》

吕祖谦,字伯恭,是朱子的好朋友。他们曾在一起编过《近思录》,朱子还把自己的大儿子送到他那里去读书。吕祖谦这个人,性格比较温和、厚道,所以他讲话、写文章一般比较平和、婉转,宁可自己委屈也不得罪人。而朱子说自己的性格缺点就是太暴躁、强悍,所以说话、写文章表现出一种意气激昂和直率进取的气势。如果以天理来衡量一下,恐怕两个人都不符合中庸之道。但是,朱子觉得自己的这种性格弱点如果表现出来,既会阻碍自己,又会伤害别人,特别可恶。而吕祖谦恐怕也不能老是以自己的偏颇为正确和恰当。这是朱子写给吕祖谦信里的一段话。从这段话里,我们分明看到了朱子明于自知、严于律己和自我批判的精神,也看到了他对朋友的忠诚与爱护。可以说,在如何对待朋友的问题上,他是一个如孔子所说的"争友"。

人之血气固有强弱,然志气则无时而衰。苟常持得这志,纵血气衰极,也不由他。如某而今如此老病衰极,非不知每日且放晚起以养病,但自是心里不稳,只交到五更初,便自睡不着了。虽欲勉强睡,然此心已自是个起来底人,不肯就枕了。以此知人若能持得这个志气定,不会被血气夺。凡为血气所移者,皆是自弃自暴之人耳。(《语类》卷一○四)

人的血气(元气、精力)当然是有强有弱的,但是人的志气(精神、意志)却可以永不衰败,即使血气衰竭了,也由它不得。朱子晚年,身体虚弱,血气极衰,他也知道自己应该早上晚点起床来养病,但是心里却定不下来,每天到了四五点钟就睡不着了。虽然强迫自己躺着,但是这时心已经是个起来的人了,再也不肯就枕了。由此,朱子体会到人的志气是不会被血气所夺的。凡是志气被血气所消磨的人,都是些自暴自弃的人。朱子病重的时候对学生说:"某自是不能晚起,虽甚病,才见光,亦便要起,寻思文字。才稍晚,便觉似宴安鸩毒(贪图安逸而服毒杀身),便似个懒惰底人,心里便不安。须是早起,却觉得心下松爽。"

臣所读者,不过《孝经》、《语》、《孟》、六经之书;所学者,不过尧、舜、周、孔之道;所知者,不过三代、两汉以来治乱得失之故;

所讲明者，不过仁义礼乐、天理人欲之辨；所遵守者，又不过国家之条法。考其归趣，无非欲为臣者忠、为子者孝而已。（《文集》卷一二《甲寅拟上封事》）

朱子有一次给南宋光宗皇帝上书，讲了这么一段话：我所读的，无非是《孝经》、《论语》、《孟子》等儒家经典；我所学的，无非是尧、舜、周公、孔子他们传下来的儒家道统；我所了解的，无非是从上古三代到两汉以来国家治理中成功与失败的经验教训；我所阐明的，无非是仁义礼乐的道理和天理人欲的分别；我所遵守的，无非是国家的法律和制度。考究一下我的指归与志向，无非为了让做臣子的为国家尽忠，做子女的为父母尽孝而已。

端尔躬，肃而容。检于外，一其中。力于始，遂其终。操有要，保无穷。（《文集》卷八五《写照铭》）

朱子四十四岁时，有人为他画了一幅像。朱子看了画像以后，感到自己"容发凋悴"，老得很快，但是他依然觉得要"修身以毕此生"，于是写下了《写照铭》：要保持形体的端庄，容貌的严肃。要检点自己的言行，内心保持纯一不杂。做任何事情一开始就要全力以赴，并坚持到底。操守、气节一定要坚执，保持到永远。

从容乎礼法之场,沉潜于仁义之府,是予盖将有意焉而力莫能与也。佩先师之格言,奉前烈之馀矩,惟阇然而日修,或庶几乎斯语。(《文集》卷八五《书画象自警》)

朱子为自己的画像写了一篇《自警词》:盘桓在礼仪法度的境域,沉浸在仁和义的府第,这是我有志作为和贡献的,可是自感力所不及。铭记前辈圣贤的教诲,奉行前贤传下来的法度和准则,只有一天天默默地修炼,或许才有实现自己誓言的日子。

呜呼!小子其懋敬之哉!汲汲焉而毋欲速也,循循焉而毋敢惰也。毋牵于俗学而绝之,以为迂且淡也;毋惑于异端而躐之,以为近且卑也。圣人之言,大中至正之极,而万世之标准也,古之学者,其始即此以为学,其卒非离此而为道。穷理尽性,修身齐家,推而及人,内外一致,盖取诸此而无所不备,亦终吾身而已矣。(《文集》卷七五《论语训蒙口义序》)

朱子为自己家族的孩子们写过一本解释《论语》的童蒙读物,叫《论语训蒙口义》。其中说道:孩子们,你们可要勤奋努力而专心谨慎啊!你们要心情急迫地学习,但不能贪图速度;你们要循序渐进地读书,但不能懒惰懈怠。不要被社会上庸俗学说所误导而脱离圣贤的教导,以为儒家的经典迂腐无聊;不要被异端邪说所迷惑而糟蹋了圣贤的著作,以为圣贤的理论浅薄低下。圣人们讲的话,准确无误,中正至极,乃是万世不变的准则。古代的学者就是从学习这样的经典开始,最终也不曾离开这条大道。他们穷究天理,发挥人、物的本性,使之各得其所,修养心身,治理家庭,推衍自己的善行而给予他人,内心和外表完全一致,都是得益于这些教诲而成为一个健全完备的人。这也正是我一生所追求和奉行的啊!

十六 其他

昨夜扁舟雨一蓑,
满江风浪夜如何?
今朝试卷孤篷看,
依旧青山绿树多。

十六 其他

昨夜扁舟雨一蓑,满江风浪夜如何?

今朝试卷孤篷看,依旧青山绿树多。

(《文集》卷一〇《水口行舟二首》其一)

此诗作于淳熙十四年,其时朱子五十八岁。是年春朱子访泉州、福州,回武夷时途经古田水口遇大风骤雨而作。诗表现了文公突遇灾祸时淡定、乐观的心态。

新浪哥(不知何许人也,当为朱家企业家欤?)曰:"朱文公有无中华民族舍家为国、抗击外侮的论述? 最近钓鱼岛闹得国人义愤填膺。然日人觊觎中国,只因国人不团结也。"杰人因以朱子之《闻二十八日之报喜而成诗七首》其一(《文集》卷二)答之:

胡马无端莫四驰,汉家元有中兴期。

旃裘喋血淮山寺,天命人心合自知。

南宋绍兴三十一年(1161)十一月二十八日,金国首领完颜亮被杀于扬州龟山寺(即淮山寺),宋军大败金兵,朱子得捷报喜而赋诗。诗曰:

野蛮的金兵凭什么到我们这里来撒野? 我中原大地命中

注定会有复兴崛起的那一天。

金兵在淮山寺被杀得丢盔弃甲,你要知道,这就是天命,这就是人心啊!

今日(二〇一五年十月一日)国庆,献朱子之《壬子三月二十七日闻迅雷有感》(《文集》卷六),以抒吾怀:

谁将神斧破顽阴,地裂山开鬼失林?
我愿君王法天造,早施雄断答群心!

谁能拿起神奇的巨斧,砍除那弥漫的阴霾,令大地开裂山岳让路,妖魔鬼怪无处遁形?

愿我们的领袖,获得上天和造化的伟力,早日施展宏图大略,以报答亿万民众的拳拳之心!

看来屈原本是一个忠诚恻怛爱君底人,观他所作《离骚》数篇尽是归依爱慕、不忍舍去怀王之意,所以拳拳反复,不能自已。(《语类》卷一三七)

窃尝论之:原之为人,其志行虽或过于中庸而不可以为法,然皆出于忠君爱国之诚心。(《楚辞集注目录》)

朱子说,屈原本是一个"忠诚恻怛爱君底人"——忠诚而痛切地爱国之人(在古代,君主是国家的象征和代表,所以古人讲爱君,就是讲爱国)。他写的《离骚》等篇章,全都表现了他对国家归属依恋和无限爱慕的情感。楚怀王听信谗言,把屈原放逐出国都,但是他仍然不忍心离开怀王,所以用诗歌写出了他诚挚的爱国之心,这种情感萦回反复,到了不能自制的地步。朱子说屈原的志向和行为虽然有点不符合中庸之道,不值得效法,但是他这一切都是出于忠君爱国之诚心。所以朱子对屈原心怀深深的敬慕之心。朱子十九岁中进士。中进士后,他回老家婺源扫墓、探亲,当地的文人设宴欢迎他。大家喝酒聊天非常欢喜,于是轮流吟唱来助兴。轮到朱子了,他站起来吟诵了《离骚》中的一段,"吐音洪畅,坐客悚然"——他的声音洪亮,感情深挚,流畅如歌,在座的人都被感动了。可见,朱子很早就喜欢屈原的诗。朱子晚年,受到政治迫害,他的好友,宰相赵汝愚因主持公道被贬谪而死,朱子内心的痛苦可想而知。这时,他又拿出《离骚》来反复诵读,他以屈原的爱国之心激励自己。同时他还做了一件非常重要的事情:整理和研究《楚辞》,这就是著名的八卷《楚辞集注》。在这本书里,他把北宋学者洪兴祖注释《楚辞》的一段文字全文收录了进来。洪兴祖说:"忠臣之用心,自尽其爱君之诚耳,死生毁誉,所不顾也。故比干以谏见戮,屈原以放自沉。……原去国则国从而亡,故虽身被放逐,犹徘徊而不忍去。生不得力争而强谏,死犹冀其感发而改行,使百世之下,闻其风者,虽流放废斥,犹知爱其君,眷眷而不忘,臣子之义尽矣。……屈原虽死,犹不死也!"朱子为这篇文章写的评论最后说：屈原"其忠，终非世间偷生幸死者所可及"。可见，朱子作《楚辞集注》，其实寄托了他自己对国家前途命运的担忧和拳拳反复的爱国之心。（丙申年端午）

远游则去亲远而为日久，定省旷而音问疏，不惟己之思亲不置，亦恐亲之念我不忘也。游必有方，如己告云之东，即不敢更适西，欲亲必知己之所在而无忧，召己则必至而无失也。（《论语集注》卷二）

"父母在，不远游，游必有方"，是孔子的话。远游就是离开父母到很远的地方去，在古代交通不便的情况下，也意味着离开父母的日子会很久，看望和问候父母的机会就会减少。这样，不但自己对父母的思念之情无法排解，也担心父母对自己的思念不能忘怀。但是，人总有不能不离开父母的事情，这就要做到"游必有方"，就是要告诉父母去的地方，而不让他们担忧；如果有急事召唤自己，一定能及时回来而没有闪失。

父母爱子之心未尝少置，人子爱亲之心亦当跬步不忘。（《语类》卷二七）

父母们爱自己孩子的心，从来就没有片刻停止过。我们做子女的对自己双亲的爱心，也应当步步（跬步，指半步，即脚跨出一次）不忘。

人之所以有此身者,受形于母而资始于父。虽有强暴之人,见子则怜;至于襁褓之儿,见父则笑,果何为而然哉?(《文集》卷一二《甲寅拟上封事》)

我们每个人的身体是从哪儿来的呢?我们受孕于母体,形成了身体的基本形态,但最初的基本物质却是发端于父亲。所以,即使那些强暴残忍的人,见到自己的儿子也会有爱怜之心,那些还在襁褓中的婴儿,见到父母也会笑。这难道是偶然的吗?

人之一身,推其所自,则必有本,便是远祖,毕竟我是它血脉。若念及此,则自不能无追感之情。且如今老人不能得见个孙子,今若便见十世孙时,也惜,毕竟是自家骨肉。人只得不思量到这里,所以追感之诚不至也。(《语类》卷二二)

我们是从哪里来的?推寻根本,我们的远祖,即是我们的血脉所自。如果能想到这一层,自然不能不产生追感祖先的深情。现如今,老人连见孙子的机会都难得,即便让他见到十世以后的孙子,他也一定会宝贝得要命,毕竟那是自家的骨肉。人只是没有想到这一层,所以达不到追感祖先的诚意。

兄弟之恩,异形同气,死生苦乐,无适而不相须。(《诗集传》卷九)

同胞兄弟之间有着一种天然形成的恩爱之情,虽然各有各的长相,但内在的气禀却是相同的。所以,不论生死还是苦乐,也不论走到哪里,他们都是相依为命的。

天下之事有本有末,正其本者,虽若迂缓而实易为力;救其末者,虽若切至而实难为功。(《文集》卷二四《与陈侍郎书》)

世上的事情有"本"(根本的、核心的、要害的)和"末"(次要的、表面的、现象的)的区别。把握并匡正事物的根本,看上去好像有点迂腐和见效不快,其实这是最容易下手并可以取得成效的。如果只是就事论事,头痛医头,脚痛医脚,虽然看上去好像很恰当,但实际上很难收到真正的功效。

人之气禀有偏,所见亦往往不同。如气禀刚底人,则见刚处多,而处事必失之太刚;柔底人,则见柔处多,而处事必失之太柔。须先就气禀偏处克治。(《语类》卷一三)

理学家认为,世上万事万物都是气造成的,人的气质、性格、精神也是禀受了某种类型的气而形成的,这就是人的"气禀"。朱子说:人的气禀如果有偏差,那么他表现出来的言行举止往往也不一样。气禀刚的人,表现出的刚性会多一点,因而处理事情肯定会犯直肆、倔强一类的毛病;气禀柔的人,则表现出柔性会多一点,因而处理事情肯定会犯软弱、畏缩一类的毛病。所以,我们首先要克制和改变自己气禀偏差的地方。

图书在版编目(CIP)数据

朱教授讲朱子/朱杰人编著. — 修订本. —上海:华东师范大学出版社,2019
 ISBN 978 - 7 - 5675 - 9369 - 5

Ⅰ.①朱… Ⅱ.①朱… Ⅲ.①朱熹(1130—1200)－哲学思想－文集 Ⅳ.①B244.75 - 53

中国版本图书馆CIP数据核字(2019)第128798号

朱教授讲朱子(修订本)

著　　者　朱杰人
责任编辑　吕振宇
责任校对　时东明
装帧设计　高　山

出版发行　华东师范大学出版社
社　　址　上海市中山北路3663号　邮编 200062
网　　址　www.ecnupress.com.cn
电　　话　021 - 60821666　行政传真 021 - 62572105
客服电话　021 - 62865537　门市(邮购)电话 021 - 62869887
地　　址　上海市中山北路3663号华东师范大学校内先锋路口
网　　店　http://hdsdcbs.tmall.com

印刷者　杭州日报报业集团盛元印务有限公司
开　　本　787×1092　32开
印　　张　7.5
字　　数　112千字
版　　次　2019年7月第1版
印　　次　2020年8月第2次
书　　号　ISBN 978 - 7 - 5675 - 9369 - 5
定　　价　33.80元

出版人　王　焰

(如发现本版图书有印订质量问题,请寄回本社客服中心调换或电话021 - 62865537联系)